社長、この1冊で
融資交渉が
強くなります!

銀行員のそのひとことには理由(わけ)がある

元銀行員
川北英貴

すばる舎

はじめに

◯銀行員のことばは重い

中小企業の社長の多くは、銀行員を怖がっています。社長は、銀行員が発することばの一言一句が気になるものです。

「絶対に審査を通す」と言われて喜んだものの、結局は通らず、困り果ててしまう社長。

「融資は通るかどうか分からない」と言われて落ち込む社長。

「融資は次の決算を見てから」ということばに期待し続けてしまう社長。

銀行員が思う以上に、社長は銀行員が発することばを**重く受け止めて**います。銀行員が**軽い気持ちで言ったこと**を社長は重く受け止め、ときには経営判断を誤ってしまうこともあります。

多くの中小企業は、銀行から融資を受けられなければ資金繰りは回りません。融資を受けられないことで企業が存続できなくなることもあります。銀行が**企業の生殺与奪の権利をにぎっている**と言っても過言ではないでしょう。

この本では、銀行員が発することの多いことばを100例、集めました。

私が地方銀行に勤めていたときに社長に向かって**言っていたことば**もあれば、攻守の立場を変えて、その後コンサルタントとなった私が社長といっしょに銀行員と打ち合わせしたときに**言われたことば**もあります。さらには、社長から、

「銀行員からこんなことを言われましたが、どういう意味なんでしょう」

と質問されたことばもあります。

◯ことばの裏にあるホンネを知る

銀行員がそれぞれのことばを発した真のねらいや背景とともに、そうした場面で、社長はそのことばをどう受け止め、どう行動していくとよいかを書きました。その100のことばのなかには、銀行員の言うとおりに社長が行動すると、**銀行が一方的に得をし、企業が一方的に損をすることば**も多くあります。

銀行も営利(えいり)企業であり、利益を稼(かせ)がなければならないため、そのようなことばを発する銀行員を責(せ)めることはできません。

しかし、銀行と中小企業の社長とでは、金融の知識に大きな差があります。その差を利用して**銀行が一方的に得をするように社長を誘導する**のは、はっきりいってフェアではありません。

銀行員の発することばの真のねらいを社長が知ることによって、自社が一方的に損をしないよう判断、行動できます。

例えば、社長が融資の相談をしたところ、銀行員が「**今回の融資はコベナンツ融資で行います**」と言ってきたとします。銀行へ手数料を多く支払う融資の例として、ここではコベナンツ融資とします(コベナンツ融資については46ページ＝事例*012*を参照)。しかし、コベナンツ融資ではなく普通の融資でも審査が通る会社であれば、コベナンツ融資を行うことにより、多くの手数料を銀行へ支払うことで企業は損をします。

銀行員が「**普通の融資でもできますが、今回はコベナンツ融資でやらせてください。手数料は多くかかりますが、ぜひ〈営業協力〉としてお願いします**」と正直に言ってくれれば、社長は客観的に判断できるものです。その銀行員に協力しようと思えばコベナンツ融資を受け入れるし、納得しないのであれば社長は銀行員に「普通の融資でやってくれ」と言うことでしょう。

この例での銀行員の真のねらいである「コベナンツ融資で手数料を稼ぐ」ということを隠し、「今回の融資はコベナンツ融資で行います」と言い切って、あたかも普通の融資であれば審査は通らないように社長に思わせるのはフェアではありません。

○お互いwin-winの関係になる

この本は、銀行員が100のことばそれぞれを発するときの真のねらいや背景を社長が知ることができるように書いたものです。

一方で、銀行員にも、社長へもっとホンネをさらけ出し、社長へきちんと情報を伝えてほしいと思って書いています。そのため、社長だけでなく銀行員にもこの本を読んでほしいと思っています。

こうした銀行員たちの言行をふまえて、銀行の悪口を言う社長がけっこう多いのですが、しかし、それでは何の解決にもなりません。銀行員たちのホンネを理解し、そのうえで、そもそも銀行が融資してくれるからこそ企業は存続、成長することができるのだということに、あらためての気づきをもって、社長はもっと銀行に感謝すべきところです。

一方で、銀行員のほうも、社長の無知をいいことに真のねらいを隠し、銀行だけが得をするように社長をことばで誘導するのは由々(ゆゆ)しき問題だと思います。

銀行も、社長も、ともにホンネでぶつかり合い、お互いwin-winの関係になれるきっかけとして、この本が少しでも貢献できればと願っています。

2022年1月　　　　川北英貴

※この本では、表記を次のとおり統一しています。
銀行・信用金庫・信用組合　→「銀行」
社長・経営者・経理財務担当など　→「社長」

もくじ

第2章 融資を申し込むにあたり銀行員にこう言われた

第3章 融資の審査中に銀行員にこう言われた

第4章 銀行員が決算書を見て、こう言ってきた

第5章
融資の審査後に銀行員からこう言われた

第6章 銀行担当者との日常会話でこう言われた

第7章 リスケジュール交渉で銀行員からこう言われた

第1章

融資の相談をした直後に銀行員にこう言われた

001

「融資○○千万円、大丈夫だと思います」「絶対に融資審査を通しますので…」

「融資を2000万円ご希望ですね。たぶん行けると思います」
「絶対に[*1]融資審査を通しますので任せてください」

あなたの会社が銀行に融資を受けたいと伝えた場合、このように銀行員から言われたら、社長であるあなたは安心してしまうのではないでしょうか。しかしその後、審査が通らずあわててしまうことがよくあります。

＊1…日常会話における「絶対に」が絶対ではないことや、むしろ軽々しく「絶対」と言う人があまり信用されないことは、みなさん、ご存じのとおりです。

銀行担当者の一存（いちぞん）では、融資は決められません。融資を行うかどうかは銀行内で稟議書（りんぎしょ）により審査され、最後は決裁者により決められます。

銀行のその会社への融資総額や会社の信用状況、信用保証協会の保証をつけるかどうかなどにより、支店長が決裁者となる場合もあれば、本部で決裁する場合もあります。

たとえ担当者が「融資は大丈夫」と言ったとしても、審査が通らなければ融資を行うことはできません。では、なぜ、担当者が社長に「融資は大丈夫」と言ってしまうのでしょうか。次の2つのパターンがあります。

パターン①　銀行担当者が社長に「いい顔」をしたがる

誰でも人から嫌われるのはいやなものです。社長にいい顔をしよう、その場をとりつくろおうと、軽はずみで「融資は大丈夫」と言ってしまう銀行員はいるものです。

銀行のなかでは、審査が通っていないうちから「融資は大丈夫」と社長に断言してはいけない、と教育されています。

それでも軽はずみに「大丈夫」と言ってしまう銀行員がいます。

「大丈夫」と言われて融資が出なかった場合、企業側が裁判所や金融庁などに訴えれば、その融資は出さざるをえなくなるかもしれません。

しかし、「大丈夫」と言われた証拠がなかったり（または示せなかったり）、その銀行との今後の関係を考えたりすると、現実はなかなか難しいものです。

パターン②　言われた社長が都合よく解釈してしまう

「融資は行けると思いますが、審査が通るよう、がんばってみます」

必ず審査が通るとは断言していないつもりで銀行員がこのように言ったとしても、それを聞いた社長が〈融資は大丈夫ということだ〉と都合よく解釈してしまうことがあります。社長は融資を受けたいのですから、このように解釈してしまうことはよくあるものです。

融資は、**支店長や本部が決裁するまでは出るかどうか分からない**ものです。銀行員から「融資は大丈夫」と言われても鵜呑（うの）みにしないようにし、もし融資が出なかった場合にどう資金繰りをしていくのか、別の手を同時に考えておきたいものです。

《ポイント》**融資は審査を行い、支店長や本部が決裁するまでは出るかどうか分からない。融資が出なかった場合の別の手を考えておくべき。**

002

「融資が出るかどうか分かりません」

○銀行員は「答えられない」立場にいる

「絶対に通る」と太鼓判を押すような例に続いては、それとは反対に、融資を受けたいと銀行員に伝えたとき銀行員から「融資が出るかどうか分からない」と言われた場合です。こんなふうに言われたら、たいていの社長は不安になってしまうでしょう。

前項でもふれたとおり、銀行員は銀行内で、社長から融資を申し込まれても、審査され支店長や本部で決裁されるまでは「融資は大丈夫」と社長に断言してはいけない、と教育されています。**「融資は大丈夫」と言ってはいけない**という《きまり》に、そもそもなっているのです。

「融資が出るかどうか分からない」と言われたとしたら、むしろ、それは銀行員としては正常な回答です。

○「その場しのぎ」は不誠実

〈社長にいい顔をしよう〉という一心で、その場をとりつくろおうと「融資は大丈夫」と言う銀行員よりも、「融資が出るかどうか分からない」と言う銀行員のほうが、その社長に対して誠実です。

「出るかどうか分からない」と言ったほうが、社長としては安心することもなく（「安心」はたいてい「慢心」につながります）、もし審査が通らなかった場合の別の手を考えておけるからです。

なお、融資審査が通る可能性がほとんどないのであれば、「**稟議**（りんぎ）**を上げてみますが、難しいと思います**」というように、もっと明確な否定のことばを銀行員は言うものです。

一方「融資が出るかどうか分からない」と言われたらむしろ〈脈あり〉で、審査が通る可能性は期待できます。

○つっこんで融資の可能性を聞いてもよい

なにごとも可能性はゼロではない。とはいえ、「融資が出るかどうか分からない」と言われた社長としては、実際に融資が出る可能性はどれだけあるのか知りたい、と思うことでしょう。

この場合、銀行員に「**実際、審査が通る可能性はどれぐらいあるのでしょうか**」とストレートに聞いてもよいです。そこで例えば、

「**8割方、通ると思います**」

「**がんばりますが、ちょっと難しいかもしれません**」

などと、銀行員はだいたいの感触を言ってくれることが多いものです。

しかし、たとえその回答がその銀行員の正直な感触だとしても、それはあくまで**担当者レベルの私見**でしかありません。

審査が通る可能性は高いと言われても油断せず、やはり、審査が通らなかった場合の別の手は考えておきたいものです。

《ポイント》**「融資が出るかどうか分からない」は銀行員として正常な回答。審査が通る可能性をつっこんで聞いてもよいが、あくまで〈その銀行員の私見〉であることをふまえておく。**

003

「○○千万円（希望額より少ない金額）ぐらいの融資は出ると思います」

銀行員に融資の相談をしてみたところ、具体的な融資金額の予想をその場で言われることがあります。

もしくは、融資を申し込んでもいないのに銀行員から具体的な融資金額が書かれた提案書をもらうことがあります。

例えば、社長が銀行員に「うちは、いくらぐらいの融資が行けそうですか？」と聞いて、「2000万円ぐらいは行けるのではないでしょうか」とその場で言われるような場合です。

銀行員から具体的な金額を言われた社長は、その金額が希望の融資金額より低かった場合、〈言われた金額を上回る融資は受けられないのだろう〉と諦（あきら）めてしまいがちです。

ここで大事なのは、融資の審査はまず、**企業が〈いくらの金額を必要とするか〉から始まる**ということです。

例えば、運転資金として3000万円の融資を受けたいのであれば、それを銀行員に伝えるべきです。

社長から銀行員に希望の融資金額を伝えていない段階で、銀行員のほうからいくらの融資を受けられそうか言われた場合、**その金額は具体的な根拠がないことが多い**です。

また、銀行員が自身の営業目標の達成のために融資を受けてほしくて、提案書を社長に渡す場合もあります。この場合、提案書に記載してある融資金額も、まだ融資を申し込まれていないなかですから、たとえ具体的な金額を提示してあっても〈社長の興味を引こう〉という程度のものであって、**具体的な根拠はないことが多い**のです。

○言い値で「いいね！」になることも

実際にいくらの融資を受けられるかは、審査が行われなければ決まりません。審査により、融資を行うか否か、行う場合はいくらの金額とするかが決まります。まずは融資をいくら受けたいのか、具体的な金額を企業側から提示されなければ審査もなにも始まりません。

そこで社長が融資を申し込むにあたり「**いくらでもいいから提案してほしい**」と伝えたとしても、銀行員は困ってしまいます。社長が銀行に「**運転資金として3000万円の融資を受けたい**」というように希望金額を伝えてはじめて、銀行は3000万円の融資を行うか審査するのです。

そして、審査のなかで企業の業績や財務状況、資金使途（しと）（資金の使いみち）の妥当性などを見られ、希望どおり3000万円で審査が通ったり、減額されて2000万円で審査が通ったりします。

まだ審査が始まっていない段階で銀行員から具体的な融資金額を言われても、それが希望の金額より低いからと諦める必要はありません。

社長のほうからいくらの融資を受けたいのか、具体的な金額を伝えるようにしてください。その結果、希望の金額で審査が通ることもよくあります。

《ポイント》**まだ審査していない段階で銀行員から言われた融資金額は、根拠がないことが多い。融資を申し込むにあたっては、希望する金額を銀行員に伝え、審査してもらうべき。**

004

「他の銀行にあたってみてはどうですか?」

銀行員に融資の相談をして、すぐ「他の銀行にあたってみてはどうですか?」と言われた。この場合、その銀行で融資を申し込んでも審査が通る可能性は**とても低い**です。

銀行員にはいろいろな性格の人がいます。目の前にいる社長に「融資は出ません」と真正面からはっきりと言える人がいるかと思えば、〈はっきり言って社長から怒られたらどうしよう、嫌われたらどうしよう〉と考え、はっきり言わず**回りくどい言い方**をしてしまう人もいます。

「他の銀行にあたってみてはどうか」は、その回りくどい言い方の一つです。

一方、「**他の銀行にもあたってみてはどうですか**」と、「も」をつけて言われることもあります。

「他の銀行にあたってみては…」

「他の銀行にもあたってみては…」

この2つの言い方、「も」がつくだけで銀行員のホンネは異なってきます。「他の銀行にあたってみては」と言われれば、その銀行では融資を申し込んでも審査が通る可能性はかなり低いです。ところが、「他の銀行にもあたってみては」という言い方であれば、その銀行で融資審査が通る可能性がまったくないわけではなく、むしろ〈**ある程度はある**〉ということです。

「他の銀行にもあたってみては」と言ったときの銀行員のホンネは、

「審査が通るかどうかは、やってみないと分からない」

　ということであり、
「だから、社長にはあらかじめ他の選択肢（他の銀行でも融資を相談するなど）も考えておいてもらおう」
　ということなのです。

○あいまいな言い方をされたら銀行員につっこんで聞いてみる

　私自身もそうでしたが、銀行員は「融資は出ません」とはっきり言わないことが多く、「他の銀行にあたってみてはどうですか」というように、はっきりとした言い方を避け、**あいまいな言い方をすることが多い**です。あいまいに言われたほうとしては、
「『他の銀行にあたってみては』と言われたが、では、この銀行は融資を行う気はあるのかどうか？」
　と、もやもやしてしまいます。
　聞くは一時（いっとき）の恥、聞かぬは一生の恥。銀行員の真意がよく分からないときは、つっこんで聞いてみましょう。
「他の銀行にあたってみてはとのことですが、貴行（きこう）（あなたの銀行）では融資は難しいということですか？」と。

《ポイント》**「他の銀行にあたってみてはどうですか？」と言われた場合。「他の銀行に」のあとに「も」がつかなければ、こう言われた銀行で融資が出る可能性は低いが、「も」がつけば可能性はまだある。**

005

「メインバンクでまず融資を申し込んでください」

銀行員に融資の相談をしてすぐ「メインバンク[*1]でまず融資を申し込んでください」と言われた場合。

前提として、その銀行はメインバンクではないということでしょう。

＊1……メインバンクとは、企業が銀行と取引していくうえで最も利用頻度の高い銀行のこと。融資を受けている会社であれば融資の利用頻度が高い銀行がメインバンクとなります。メインバンクの特徴は次のとおりです。

- 融資残高が最も多い
- プロパー融資（信用保証協会の保証付でない融資）を最も多く出している
- 不動産担保を最も多く入れている
- 預金口座に売上代金が最も多く入るようにしている

メインバンクは企業側が指定できるものではありません。社長が銀行員に「貴行をメインバンクにしたいのでお願いします」と言っても、その銀行が融資を行ってくれないのであればメインバンクになりません。一方、あなたの会社を高く評価し融資を積極的に行ってくれる銀行もあります。融資を受けていくなかで、ある銀行の融資残高が多くなっていくことで、その銀行がメインバンクになっていきます。

ほとんどの銀行では〈銀行全体の融資量を増やしたい〉と考えています。金利が低下している現在、銀行の一番の収益源である利息収入を稼ぐには、銀行全体の融資量を増やさなければなりません。そのため、メインバンクではない銀行としても、**融資の相談をされたら〈融資量を増やすチャンス〉と考えます。**

そのような状況で、社長から融資の相談があったのに、わざわざメインバンクで融資を申し込むことを勧めてくる銀行員のホンネには、次の2つのケースがあります。

ケース① 融資を実際に行えないケース

前述のように、銀行員は社長から融資の相談をされたとき、「融資はできません」とはっきり断ることにより社長に嫌(いや)な思いをさせたり怒られたりするのを、なるべくなら避けたいものです。そのため、はっきりとは断らずに、

「メインバンクでまず融資を申し込んでください」

と言って、その場をとりつくろおうとすることがあります。

この場合の銀行員のホンネは「**うちの銀行では融資はできない**」ということです。

ケース② 銀行間の融資シェアのバランスを崩したくないケース

会社が受けている融資総額のなかで、ある銀行の融資残高が占める割合を**融資シェア**と言います。

例えば、融資残高が総額8000万円あり、そのうちメインバンクA銀行の融資残高が4000万円であれば、その融資シェアは、

4000万円÷8000万円＝50%

です。同様に、B銀行の融資残高が2400万円であれば、B銀行の融資シェアは、

2400万円÷8000万円＝30%

です。

メインバンクでない銀行が融資を行うことにより、その銀行の融資シェアが一気に高まったり、融資残高がメインバンクを超えたりすれば、その会社において銀行間の融資シェアのバランスが崩れてしまうことになります。

例えば、先ほどの例でB銀行が2000万円の融資を新たに行えば、その会社の融資総額は、

8000万円＋2000万円＝1億円

となり、B銀行の融資残高は、

2400万円＋2000万円＝4400万円

B銀行の融資シェアは、

4400万円÷1億円＝44%

となります。

一方、メインバンクであったA銀行の融資シェアは、

4000万円÷1億円＝40%

と、メインバンクの融資シェアを逆転してしまうことになります。

その会社が優良企業で、B銀行がメインバンクの地位を築きたいのであれば、B銀行はメインバンクの融資シェアを逆転してでも融資を行うものです。

しかし、〈メインバンクの地位を築くほど、その会社との取引を深めなくてもよい〉とB銀行が考えるのであれば、B銀行は現在の融資シェアのバランスを崩したくないとして「メインバンクにまず融資を申し込んでください」と言ってきます。

なお、メインバンクとなると、融資残高が最も多くなるだけでなく、メインバンクとしての責任をその会社や他の銀行から求められやすくなります。その会社の業績や財務内容が良好なままであればまだしも、業績が悪化するなどで資金繰りが厳しくなった場合、企業はメインバンクに頼ろうとするものです。

また、メインバンク以外の銀行は「メインバンクがこの会社を支えるべきだ」と主張してくるものです。

このようなメインバンクとしての責任を負うことまでして〈その会社との

取引を深める価値がない〉と銀行が考えるのであれば、現在の銀行間の融資シェアのバランスを保とうとします。

なお、新たな融資を行うことでメインバンクの融資残高を逆転するまではいかなくても、現在の融資シェアのバランスをある程度維持したいと銀行が考えることもあります。

例えば、融資シェアが今まで10%であった銀行が、企業から申し込まれて融資を行い融資シェアが30%に一気に高まる場合です。それで融資残高が一番多くなるわけではなくても、銀行間での融資シェアのバランスが崩れることを嫌い、「メインバンクにまず融資を申し込んでください」と言ってきます。

「メインバンクにまず融資を申し込んでください」と言われた場合、上記の①、②、どちらのケースであるか、銀行員のホンネを探りたいところです。

①の場合であれば、その銀行からの融資は今後も期待できません。

一方、②の場合であれば、今回は融資を受けない（受けられない）としても、返済が進んで融資残高が減少していくことにより、融資シェアを回復させようとするその銀行からの新たな融資を期待できます。

「メインバンクにまず融資を申し込んでください」と言った意図はどこにあるのか、単刀直入に銀行員に聞いてみましょう。

《ポイント》 **実際にその銀行で融資は今後も行えないのか、それとも融資シェアのバランスが崩れるのを今回は嫌がっただけなのか、ホンネを探るべき。**

006

「融資は時期尚早ですね」

○時期尚早でなくなるのはいつからか

銀行員に融資の相談をしたところ「時期尚早(しょうそう)ですね」と言われた。

これは、その銀行で前回の融資を受けたときから十分に間隔が空(あ)いていないことを意味します。

前回の融資から時間があまりたっていないのにもかかわらず、また融資を申し込まれると、銀行員としては正直なところ、あきれてしまいます。明(あ)け透(す)けにいえば、その会社の〈計画性のなさ〉にです。

銀行員としては、融資を行ったら**次の融資まで最低6カ月は空けたい**と考えています。なお、ここでは運転資金の融資を前提とします。

一方、次の融資の申し込みが前回の銀行とは別の銀行であれば、このかぎりではありません。

ただその銀行に、別の銀行で最近、融資を受けたことが分かってしまった場合。なぜこんなにひんぱんに融資が必要なのか問われる可能性があります。

○信用保証協会の保証付融資の場合、どれぐらい間隔を空けるべきか

別の銀行であれば前の融資から6カ月たっていないうちに融資を申し込んでもよいと述べましたが、信用保証協会の保証付融資（以下「保証付融資」）の場合は別です。

例えば、A銀行で保証付融資を受け、6カ月たたないうちに別のB銀行で保証付融資を申し込む場合。信用保証協会は共通ですので、信用保証協会から見れば〈前回融資から6カ月たたないうちの申し込み〉となり、信

用保証協会において〈時期尚早〉と判断されやすいです。

ただし、企業によっては複数の信用保証協会を使えることがあります。次の2つのケースです。

①信用保証協会は都道府県ごとに一つずつと、横浜・川崎・名古屋・岐阜の4市に個別にあります。つまり、47（都道府県）に4をたした51協会あります。そのため以下の3県は複数の信用保証協会があり、企業の本店所在地によっては複数の信用保証協会を使うことができます。

- **神奈川県**（**神奈川県**信用保証協会／**横浜市**信用保証協会／**川崎市**信用保証協会）
- **愛知県**（**愛知県**信用保証協会／**名古屋市**信用保証協会）
- **岐阜県**（**岐阜県**信用保証協会／**岐阜市**信用保証協会）

例えば、名古屋市にある企業であれば、愛知県信用保証協会と名古屋市信用保証協会を使うことができます。

②別の都道府県に事業所があれば、企業の本店所在地にある信用保証協会とは別に、事業所のある都道府県の信用保証協会を使えます（この場合、**商業登記簿に事業所の支店登記があること**が必要）。

このように複数の信用保証協会が使えるのであれば、6カ月たたないうちに別の信用保証協会にて保証付融資を申し込む場合、時期尚早と判断されにくいこととなります。

○日本政策金融公庫の場合、どれぐらい間隔を空けるべきか

日本政策金融公庫の場合、次の融資の申し込みまで6カ月空けたとしても、時期尚早と見られやすいです。**日本政策金融公庫では1年は間隔を空けたい**です。

○6カ月たたないうちに融資を申し込んでも時期尚早と見られない例外

このように、前回の融資を受けた銀行や信用保証協会に6カ月たたない

うちに融資を申し込めば時期尚早と見られやすいです。

しかし、例外があります。次のケースでは、6カ月たたないうちに融資を申し込んでも時期尚早とは見られません。

ケース①　設備資金で融資を申し込む場合

運転資金の融資では、6カ月たたないうちの融資は時期尚早と見られるものですが、設備資金は別です。例えば、5月に運転資金の融資を受け、そこから設備投資の計画を立て2カ月後の7月に設備資金の融資の申し込みを行っても時期尚早とは見られません。

設備資金は、日常の資金繰りを回すための運転資金とは別の資金の流れで必要となるものです。融資においても運転資金と設備資金とは別の性質の資金となり、銀行は分けて考えます。

ケース②　つなぎ資金の場合

例えば、建設業やシステム開発業で見られる、一つの工事や案件にて材料代や外注費の支払いが先行し売掛金回収が後になりその間をつなぐ、数カ月で返済する**つなぎ資金**。このように一つの案件ごとに短期の融資を繰り返す融資は、その性質上、ひんぱんに融資を実行するものです。この場合は短い間隔で融資を申し込んでも問題ありません。

ケース③　売上が急激に増加している場合

売上が急成長している会社であれば、仕入代金や外注費、諸経費の増加など、必要とする運転資金が急激に増えていきます。この場合、売上が急激に増加していることを試算表などで銀行に説明し、また運転資金を多く確保しなければならない理由を銀行に説明することで、6カ月の間隔を空けないでも融資を受けられることがあります。

○少額の融資を回数多く行う、という考え方を銀行はしない

例外の場合を除き、銀行は、少額の融資を回数多く行う、という考え方をしません。まずは資金繰り表を作ることにより、将来6カ月〜1年程度の資金繰りの予測を行ってください。

6カ月〜1年程度は資金繰りが十分に回るようにするには、今回、融資をどれだけ受けたらよいかを計算し、十分な金額を希望金額として銀行に伝えてください。そうすれば、行きあたりばったりの資金繰りとならず、銀行から時期尚早という理由で融資を断られることはなくなります。

《ポイント》**6カ月〜1年程度は資金繰りが十分に回るように融資を受けることにより、ひんぱんに融資を申し込むことを避ける。**

007

「融資、持ち帰って検討しますね」

○「検討」が「放置」の意味に？

銀行員が自社に訪問してきた。融資の相談をしたら、銀行員から、

「持ち帰って検討しますね」

と言われた。もしくは、社長が銀行の支店に訪問し、融資の相談をしたら、銀行員から、

「検討しますね」

と言われた。このように言われても特に問題ないように思えます。

しかし、気をつけないといけないのは、「検討しますね」と言われたまま、ずっと放置されてしまうケースがよくあるということです。

○「検討」には2つの意味がある

融資の相談をしたところ「検討しますね」と言われ、それから数週間が経過し、銀行で融資の審査が進んでいるものと社長は思っていた。しかし、銀行では審査が進んでいないどころか、審査のための稟議書（りんぎしょ）も作成されていなかった。

もっとひどい場合には、「検討しますね」と言った銀行員が融資の相談を受けたこと自体を忘れていた、なんてことさえあります。

このようなケース、よく耳にします。

融資を受ける前提で資金繰りを計画していた社長は困ってしまいます。

「検討しますね」ということばの「検討」には、次の2つ、いずれかの意味があります。

①「正式な融資申し込みをへて審査する価値があるかどうか検討する」

②「実際に融資の審査をする」

「検討しますね」と言われた場合、それだけではこのどちらの意味で銀行員が言ったのか社長は分かりません。できれば、どちらの意味で言っているのか銀行員に確かめたいところです。

①「正式な融資申し込みをへて審査する価値があるかどうか検討する」

まず、「検討しますね」の意味が「正式な融資申し込みをへて審査する価値があるかどうか検討する」という意味である場合。結論からいうと、この場合、放置されてしまう可能性がより高いです。

前提として、銀行内で検討の結果、審査する価値がある案件とされれば、融資を正式に申し込んでもらうことになります。

前述のように、銀行は融資の審査を稟議書で行います。稟議というプロセスでは、まず担当者が、審査のための検討事項を記載した稟議書を作成します。その稟議書は支店内で（案件によっては本部まで）回覧され、支店長や本部の決裁者が最終決裁し、融資を行うかどうか決まります。

担当者が稟議書を作成するには時間と手間がかかります。また、稟議書を回覧された人がそれを読む時間も必要です。そのため、まったく審査が通る見込みがないのに稟議書を作成し回覧するのは、銀行にとって時間の無駄です。そこで、稟議書を作成する前に、正式に融資を申し込んでもらい稟議書を作成し審査する価値があるのかどうか、担当者やその上司で検討するのです。このように時間がかかるプロセスで行われる審査があとに控(ひか)えているので、上記の意味で「検討しますね」と言われた場合、検討することを放置して、その後なしのつぶてになってしまう銀行員もいます。

融資を心待ちにしている人には申し訳ない話ですが、放置する原因は、何か意図があるというよりは、ただその銀行員が怠慢なだけであるケースがほとんどです。他にもいろいろ仕事があるなかで、融資の検討が後回しにされてしまうとか、やるべき仕事としてメモに書き留めず忘れてしまうなどです。

放置されてしまうことを防ぐためには、どうしたらよいのでしょうか。「検討しますね」と銀行員から言われたら「**いつまでに回答をもらえますか？**」と回答期限を銀行員に約束してもらうとよいです。回答期限は1週間程度でよいでしょう。そして、もし期限が来ても回答がなかったら「どうなりましたか」と促します。このようにすれば「検討しますね」と言われていつまでも放置されてしまうのを防ぐことができます。

②「実際に融資の審査をする」という意味である場合

次に「検討する」の意味が、実際に融資の審査をする、という意味である場合を考えます。

実際に融資の審査を進めるのであれば、くりかえし述べているように、担当者が稟議書を作成し、支店内や本部に回覧され審査されます。しかし、いつまでたっても審査の回答が企業に伝えられないことがあります。

この場合、銀行内で何か議論が交わされていると考えるのは楽天的にすぎるでしょう。そういう話ではなく、

稟議書がそもそも作成されていない

とか、多少ドラマ仕立てに聞こえるかもしれませんが、

銀行のなかで誰かが稟議書の回覧を止めている

というケースがほとんどです。

銀行員といえば仕事ができる、みんなシャープな人ばかりという印象があるかもしれませんが、みなさんと同じ人間です。当然のことながら、仕事

が速い人だけでなく遅い人も、また几帳面(きちょうめん)な人もいれば、ずぼらな人もいます。あなたの会社の担当は、どのタイプでしょうか。運悪く、仕事が遅い人、ずぼらな人が担当していると懸念(けねん)されるのであれば、果報は寝て待て、どころではありません。

「検討しますね」と言われても、担当者が稟議書を作成するのを後回しにし、いつまでたっても審査が始まらなかったり、もしくは稟議書を書くのを忘れてしまったりしているかもしれません。

このような事態を防ぐためには、先ほどのアドバイスと同様になりますが、先手を打って、

「○月○日までに回答がほしい」

と銀行員に伝え、回答期限を約束してもらうとよいでしょう。

しかしまだ、決められた期限近くになってようやく銀行員の重い腰が上がり、稟議書を作成したが結局、回答期限は守られなかった、ということも起こりえます。回答期限を銀行員に約束してもらうとともに、途中でときどき、銀行員に対して、

「先日申し込みした融資の件、審査は順調に進んでいますか?」

と声をかけるとよいです。

融資審査の回答期限は、1～2週間後あたりでどうか、銀行員に聞いてみましょう。審査の難易度によっては「もう少し長くしてほしい」と言われることもありますが、それは受け入れたうえで、銀行員に回答期限を約束してもらってください。

《ポイント》**「検討しますね」と言われたら、回答期限を銀行員に約束してもらおう。**

008

「信用保証協会の保証をつけてもらいます」

○保証付融資とプロパー融資

多くの中小企業では、信用保証協会の保証をつけた融資を受けています。銀行員に融資の相談をしたところ「信用保証協会の保証をつけてもらいます」と言われ、それを当たり前と思っている社長は多いです。

銀行からの融資は、必ず信用保証協会の保証をつけなければならないものではありません。保証をつけない融資も可能です。それを**プロパー融資**と言います。

保証付融資とプロパー融資、その違いは、もし将来、企業が融資を返済できなくなったとき、どこが貸し倒れを負担するかにあります。

プロパー融資では**銀行が貸し倒れを100％負担**します。

これに対して、保証付融資では**信用保証協会が貸し倒れを80％負担**（制度によっては100％負担）します。すなわち、銀行が貸し倒れを負担する金額は20％のみ（制度によっては0％）ということです。

○プロパー融資のメリット

プロパー融資の審査が通るなら、保証付融資よりもプロパー融資を受けるべきです。理由は次の2点です。

①保証付融資には〈保証枠〉があるが、プロパー融資にはそれがない
②より審査が厳しいプロパー融資を受け、保証枠を空けておくべき

以下それぞれ順に解説します。

①保証付融資には〈保証枠〉があるが、プロパー融資にはそれがない

信用保証協会による保証には上限の金額があり、一般的に**保証枠**と呼ばれます。無担保であれば**8000万円**、担保を含めれば**2億8000万円**です。なお、この保証枠とは別に、経営革新計画や**セーフティネット保証**による別枠をとれることもあります。

一方、プロパー融資にはこのような枠はありません。

保証付融資では企業が銀行へ返済できなくなったら、代わりに信用保証協会が銀行に一括返済（**代位弁済**）しなければなりません。その後は信用保証協会が企業に対して債権者となるものの、企業から全額回収できるとはかぎりません。多くの金額を回収できないまま終わることがほとんどです。

そこで信用保証協会は、銀行が融資審査を行うのと同じように、保証の審査を行います。将来、代位弁済となってしまう可能性が高い企業ではないかが審査されます。業績や財務内容、売上規模により、保証枠を満額使えなかったり、そもそも保証してもらえなかったりします。

このような保証枠があるなか、会社が成長するにつれて運転資金や設備資金など多くの融資が必要になってきます。保証付融資のみ受けていたら、この保証枠が埋まってしまえば、それ以上の保証付融資は受けられなくなります。

もし現在、あなたの会社が受けている融資が保証付融資のみである場合は、その状態を一刻も早く卒業し、プロパー融資も受けられるようにしていきたいところです。

②より審査が厳しいプロパー融資を受け、保証枠を空けておくべき

信用保証協会の使命は、融資を保証することで、中小企業が銀行から融資を受けることを容易にし、**企業の育成を金融の面から支援すること**です。

保証を行うには信用保証協会の審査が必要ですが、このような使命があるため、銀行のプロパー融資の審査より信用保証協会の保証審査のほうが通りやすいものです。

なお、保証付融資の場合でも、信用保証協会の保証審査に加えて銀行でも融資審査を行います。ただし、保証付融資では将来、企業が返済できなくなったときに銀行が貸し倒れを負担する金額は、前述のとおり20%のみ（制度によっては0%）なので、信用保証協会の保証審査が通ったら銀行のほうでも融資審査を通しやすくなります。

つまり、総合的に見て**プロパー融資より保証付融資のほうが審査は通りやすい**ということです。

そう考えると、より審査が厳しいプロパー融資を受けられる目処（めど）がつくのであれば、信用保証協会の保証枠は後にとっておいたほうがよいことになります。

将来、会社の業績や財務内容が悪化して銀行のプロパー融資を受けられなくなったときに備え、信用保証協会の保証枠を空けておくべきでしょう。

◯社長にプロパー融資への意識がないと、銀行員は保証付融資へ誘導する

将来、企業が銀行へ返済できなくなった場合に、保証付融資であれば銀行は融資残高の20%もしくは0（ゼロ）の貸し倒れで済みます。

そのため、銀行としては〈融資はなるべく保証付融資で行いたい〉というのがホンネです。

融資の申し込みにあたって銀行員が「信用保証協会の保証をつけてもらいます」と言った場合に、社長から「分かりました」と言われると、銀行員はラクです。

言うことを何でも聞いてくれる社長であれば、銀行員は銀行の有利なように誘導しようとするものです。

ここで社長から「いや、プロパー融資ではできないのですか?」と言われると、銀行員は〈プロパー融資ではできないのか〉考えるようになります。

もちろん、業績や財務内容によっては銀行のリスクが高く、プロパー融資を行えない会社もあります。この場合は保証付融資で受けざるをえないというのが仕方ないところです。しかし、もしプロパー融資を受けられるほど業績や財務内容が良いのにもかかわらず、銀行員の言うままに保証付融資を受けているのであれば、**たいへんもったいない話**です。

〈融資は信用保証協会の保証をつけるものだ〉と当たり前に思わず、「プロパー融資では受けられないか」つねに銀行に聞き返すクセをつけると、融資の受け方が上手になっていきます。

《ポイント》**銀行員は何でも言うことを聞いてくれる社長であれば、〈保証付融資〉に誘導しようとする。「プロパー融資ではできないのか」聞き返すクセをつける。**

009

「利益償還できませんね」

○〈償還〉＝借りたものを返すこと

銀行員に融資の相談をしたあと、前期の決算書を見た銀行員から「御社は利益償還できませんね」と言われることがあります。

融資を受けた企業は、その後、返済していかなければなりません。返済の元手をどこから持ってくるかを「**返済財源**」と言います。

例えば、ある商品が3カ月後に全部まとめて売れて売上代金の入金があるものとし、その商品を仕入れるために融資を受ける場合、返済は売上代金の入金がある3カ月後に一括で行う、と銀行へ約束します。この場合の返済財源はその商品の売上代金です。

銀行では、返済期間1年を超える運転資金（長期運転資金）もしくは設備資金の融資を行うことがよくあります。この場合は前述のような特定の商品を仕入れ売れたら全額返済するという形ではなく、企業が仕入代金の支払いや各種経費の支払いを継続的に行ったり設備投資を行ったりするための資金をまとめて融資する、という形です。この場合の返済財源は、**キャッシュフロー**（事業活動により得られる利益から生み出される現金）となります。

銀行員は長期運転資金や設備資金の融資を企業から相談された場合、その企業の前期の決算書を見て、〈この会社は滞りなく返済できるほどのキャッシュフローを稼いでいるか〉を計算します。具体的には決算書の損益計算書を見て、キャッシュフローを簡易的に以下の計算式、

〈当期純利益 ＋ 減価償却費〉

で計算します。このキャッシュフローの範囲内で融資を返済できるのであれば〈この会社は「利益償還」できる会社〉と銀行は見てきます。

例えば、前期決算で当期純利益1000万円、減価償却費800万円のＡ社の場合、キャッシュフローは1800万円となります。既存の融資（同様にキャッシュフローを返済財源として過去に行われ、現在返済中の融資）と今回相談があった融資の年間返済額を足し、年間1800万円以内に収まれば、返済能力があるとみなされ、審査は通りやすくなります。

逆に、年間返済額がキャッシュフローを上回ってしまうのであれば、理論上は融資を行っても返済が難しい会社であると銀行は見てきます。

例えば、前述のＡ社のキャッシュフローが年間1800万円のままで、既存融資の返済額が月120万円、新規融資の返済額が月80万円の場合、返済額の合計は月200万円、年2400万円となります。こうなると、年間のキャッシュフローより返済額が上回り、理論上は返済ができない会社です。こういった計算を行ったうえで銀行員は「利益償還できませんね」と言ってくるのです。

ただ、「利益償還できません」と言われても、諦（あきら）める必要はありません。

返済は過去の利益ではなく、将来の利益から生み出されるキャッシュフローで行うものです。今後３～５年程度の経営計画書を作成し、どのように売上・利益を上げていくかを銀行に説明します。また、今後３～５年程度の期ごとの損益計画を書き、具体的にどのように売上・利益を上げるのか、その行動計画も併記して、銀行に説明します。将来、キャッシュフローが増えて返済できる計画であり、その計画の実現可能性が高い、と銀行に見られれば、プラス評価されて審査は通りやすくなります。

《ポイント》**「利益償還できませんね」と言われても、融資を断られたわけではないのであれば、経営計画書※を作成し、将来、利益償還を可能とする利益を上げられる計画を銀行に示すべき。**

※経営計画書（損益計画・行動計画）のひな型は、こちらのページよりダウンロードできます。https://sikinguri.info/download/

column 銀行員の日常のひとこま①

大量の硬貨を持ち込まれるのはイヤなもの

銀行員にとって大変であることの一つが、大量の硬貨を持ち込まれることです。500円玉から1円玉まで大量の硬貨を銀行の支店に持ち込まれると、それを数えなければなりません。

銀行には硬貨の計数機があり、持ち込まれた硬貨をそれで数えます。なかにはひどく汚損している硬貨や外国の硬貨、クリップなどの異物もあり、それらがよく詰まって機械が止まり、計数に時間がかかってしまいます。また、計数時に硬貨から金属粉がとぶので、担当する出納係の銀行員の肌が荒れてしまいます。

最近は集金業務が少なくなりましたが昔はよく行われていて、例えば銀行が神社などから賽銭を集金することがありました。銀行員であった私は、神社から預かった文字どおりの「浄財」である大量の硬貨(たまにお札も)を、布製の丈夫な袋に入れてバイクで運んでいました。重さは10キロ以上になるときもあり、大量の硬貨を持ちながら他のお客さんを回れないため、いったん支店に帰らねばならず非効率でした。そのような現実もあるため、大量の硬貨を銀行に持ち込まれたときに手数料をとる銀行が増えてきています。不満を持つ利用者は多いのですが、硬貨であるため金額は大きくならないのに入金処理をする手間は大きく、銀行員としては持ち込んでもらいたくないというのがホンネです。

ただ、クレジットカードや電子マネーが普及し、商売のなかで現金を扱うことが減ってきています。銀行に大量の硬貨を持ち込まれることじたいは、今後は少なくなっていくことでしょう。

第2章

融資を申し込むにあたり銀行員にこう言われた

010

「新たに（保証付）融資を受けて、既存のこの（プロパー）融資を返済してはどうですか？」

銀行員が社長に融資の提案をしてくるなかで「新たに（保証付）融資を受けて、既存のこの（プロパー）融資を返済してはどうですか？」（「保証付融資」「プロパー融資」ということばは使わずに）と勧めてくることがあります。

例えば、現在、A銀行でプロパー融資の残高が2000万円あり、月50万円を返済しているとします。このような状況で、A銀行が次のように提案してきたとします。

「1000万円、新たな融資を受けませんか？ 単独で1000万円の融資でもよいのですが、融資の本数が多くなるのは御社にとって大変ですし、毎月の返済額が増えるのも負担になるので、3000万円の融資を受け、既存の2000万円の融資を返済しましょう」

この新たな融資3000万円は保証付融資での提案で、銀行は事前に信用保証協会に打診し、〈3000万円であれば保証審査は通りそう〉という感触を得ています。3000万円の融資、返済期間が5年、月返済額50万円であれば、2000万円のプロパー融資が3000万円の保証付融資に置き換わり、毎月の返済額は同じ50万円で返済負担は増えません。

実は、このような提案、社長には明かせない銀行員の真のねらいがあります。2000万円のプロパー融資を、3000万円の保証付融資に借り換えることで**銀行の貸し倒れリスクを少なくする**というねらいです。

前述のようにプロパー融資の場合、企業が返済できなくなったら、残った融資は銀行が貸し倒れを100％負担します。しかし、保証付融資であれば、企業が返済できなくなったら信用保証協会が銀行に〈代位弁済〉してくれるので、銀行が貸し倒れを負担するのは20％部分のみ（制度によっては0）となります。そのため、プロパー融資を保証付融資に借り換えることにより、銀行は貸し倒れリスクを大きく減らすことができます。銀行側のこの真のねらいを社長に明かさないまま、企業のメリット（この例では、増額による借り換えで手元に現金を残せること、また、借り換えしたあとでも返済負担は増えないこと）を強調し、融資を勧めてきます。

○旧債振替を信用保証協会は認めない

既存のプロパー融資を保証付融資で借り換えることを「**旧債振替**」と言って、信用保証協会は原則これを認めません。もし旧債振替したことが信用保証協会に分かった場合、その後、企業が返済できなくなっても信用保証協会は銀行への代位弁済を拒否します。そうなると銀行は貸し倒れをすべて負担することになり困ってしまいます。しかし、あらかじめプロパー融資を一括返済しておき、後日、保証付融資を受ければプロパー融資を保証付融資で借り換えたことにはなりません（例えば、プロパー融資2000万円を手元にある預金で銀行に一括返済し、その1週間後に保証付融資3000万円を受けるというようなワザを平気で企業に勧めてくる銀行員がいます）。

企業としては、プロパー融資を保証付融資で借り換えることは損でしかありません。無駄に保証枠を使ってしまいますし、信用保証協会への保証料もかかってしまいます。せっかくプロパー融資で受けられたのに保証付融資に借り換えてしまうのは、とてももったいないことです（実際に企業が新たな融資を受けたい場合、前述の例で言うと、プロパー融資2000万円を保証付融資3000万円でわざわざ借り換えなくても、単独で保証付融資1000万円受ければよいだけです。なぜ、わざわざプロパー融資2000万円を返す必要があるのでしょうか）。

銀行員から新たな融資の提案を受け、その内容が「保証付融資を受けてプロパー融資を返済してください」というものであったら、銀行の真のねらいが何であるかを考え、拒否すべきです。「そういうのは旧債振替と言うのではないのですか？　信用保証協会はそれを認めないのではないですか？」と銀行員に言って、明確に拒否しましょう。

《ポイント》**プロパー融資を保証付融資で借り換えるのは、企業にとって損でしかない。〈旧債振替〉を信用保証協会は認めないことを知っておこう。**

011

「業績が良くなったら外しますので、お持ちの不動産を担保に入れてください」

企業が将来、返済できなくなったとき、銀行は担保としている不動産があれば、それを競売して回収できます。銀行では、企業から不動産や定期預金などを担保に入れてもらったり、信用保証協会の保証をつけたりして、将来、企業が返済できなくなったときに回収できるようにします。このような銀行の取り組みを「**保全**」と言います。

しかし、**担保は必ずつけなければならないものではありません。**業績や財務内容により融資を行っても最後まで問題なく返済できる会社であると見れば、銀行は無担保で融資を行ってくれるものです。また、不動産など担保となるものを所有していない会社でも、銀行の審査が通れば無担保で融資を受けることができます。

一方、業績や財務内容が悪い会社は、将来、銀行へ融資を返済できなくなる可能性が高いです。そのような会社から新たに融資を申し込まれた場合、不動産や定期預金を所有していれば、銀行はそれらを担保に入れてもらうことで融資の保全を図ろうとします。そのとき、銀行員が正直に、

「御社は前期赤字であり、無担保では新たな融資は難しいです。所有している○○の土地を担保に入れていただければ、融資は検討可能です」

と言ってくれれば、まだよいのです。そう言われることで、担保を入れてまで融資を受けるべきかどうか、社長はしっかり考えることができるからです。

○いったん入れた担保はなかなか外してもらえない

しかし、銀行員のなかには「業績が良くなったら担保を外しますので、

お持ちの不動産を担保に入れてください」という言い方をする人がいます。

この場合、業績が良くなったら本当に担保を外してくれるかについて正直なところを言えば、**まず期待できない**というのが実情です。もちろん、融資を完済したら担保を外してもらえますが、完済しないかぎり担保は外してくれないことでしょう。つまり、「業績が良くなったら担保を外します」ということばを**信じてはいけない**のです。〈完済するまで担保は外してくれない〉という前提で、担保を入れて融資を受けるかどうか決めてください。

さらに気をつけなければならないのは、新たな融資をきっかけに担保を入れてもらうことで、過去に無担保で行った融資までも〈ついでに保全を図ろう〉とする銀行員がいることです。

例えば、既存の融資残高が1500万円で、その銀行には担保を入れておらず、新たに2000万円の融資を申し込み、「今回の融資では不動産（時価5000万円）を担保に入れなければ融資できない」と言われたとします。そこで銀行に言われるがまま、**根**(ね)**抵当権**4000万円を設定して融資を受けた場合を考えます。

この場合、新たな融資2000万円に対してだけでなく既存の融資1500万円に対しても銀行は保全を図れたことになります。これは〈無担保〉で受けた過去の融資を、あとから〈有担保〉にしてしまうことを意味し、企業にとって、とてももったいないことです。根抵当権ではなく、今回の融資2000万円のみを担保の対象とする**抵当権**として融資を受けられないか、銀行と交渉するなど、企業にとって損することにならないようにしたいものです。

【根抵当権と抵当権の違い】

- **根抵当権**……銀行が企業に対し出しているすべての融資を包括して担保の対象とするもの。例えば、ある不動産に根抵当権5000万円を設定した場合、既存の融資も今後行われる融資も、5000万円の極度額内ですべて保全される。
- **抵当権**……特定の融資のみを担保の対象とするもの。例えば、新たに2000万円の融資を行い、その融資を対象とする抵当権が設定されると、その2000万円の融資のみ保全される。その融資が完済されると抵当権は消滅する。

《ポイント》 **いったん担保を入れたら融資が完済されるまで銀行が担保を外してくれることは期待できない。「業績が良くなったら外す」ということばを真**(ま)**に受けないようにする。**

012

「コベナンツ融資（シンジケートローン／私募債）でやらせてください」

銀行員に融資を相談したところ、銀行員が「コベナンツ融資（シンジケートローン／私募債）でやらせてください」と言ってくることがあります。

- **コベナンツ融資**……財務制限条項付融資。融資の契約内容に財務指標などの特約をつける融資のこと。特約をつけることにより銀行は融資を行いやすくなる。例えば、「自己資本を20％以上に維持する」などの特約をつけられた場合、今後の決算書においてその財務指標より悪化してしまうと、金利が上がったり、一括返済を求められたりする。ちなみに〈covenants〉は本来「誓約」を意味する英語。
- **シンジケートローン**……複数の銀行が協調し、資金を出し合って一つの融資を行う方法。例えば、5億円を融資したい場合に5行が1億円ずつ出し合って一本の融資を行う。
- **私募債**……一般に募集されるのではなく少数の投資家が直接引き受ける社債。銀行が扱う私募債には、私募債に銀行が保証をつける「銀行保証付私募債」、銀行と信用保証協会が保証をつける「信用保証協会保証付私募債」がある。

通常の融資ではなく、わざわざこれらの方法で融資を行うことによる銀行のメリットは、**多くの手数料を稼げる**ことです。

融資の方法や銀行によって手数料の体系は異なりますが、あるコベナンツ融資の事例を見ると、5000万円、10年返済、金利1.5％の融資に対し、取扱手数料と契約書作成費用で300万円もの手数料となっています。

○利息以外で稼ぐ時代

考えてみてください。5000万円の融資、わざわざ特約つきのコベナンツ融資ではなく、普通の融資で受ければよいですよね。

それなのに銀行は、まるで〈コベナンツ融資でなければ融資を出せない〉ように匂わせて、多額の手数料を稼ごうとしているのです。シンジケートローン、私募債も、多額の手数料が発生する方法であり、同じことです。

金利が低下している現在、銀行は融資の利息では収益を得られにくくなっています。そのような銀行が力を入れているのは、手数料収入を稼ぐことです。銀行の各支店では本部から手数料のノルマを大きく課せられており、このような融資手法を行うことにより、多くの手数料を稼ごうとするのです。

本当にコベナンツ融資・シンジケートローン・私募債の方法でないと融資を受けられないということであれば、銀行の言うことに従わざるをえませんが、これらの方法で融資を受けられる会社であれば、多くの場合、〈普通の融資〉も受けられます。

普通の融資であれば、〈普通ではない融資〉を行うことによる高額な手数料を銀行に支払う必要はありません。

銀行員が勧めてくることの真のねらいを考え、企業が損をする取引とならないよう、社長はしっかり考えたいものです。

《ポイント》 **コベナンツ融資・シンジケートローン・私募債の方法を使わず普通の融資を受ければよい。多額の手数料を支払う意味があるのか考える。**

013

「返済期間は最長10年が可能ですが、3年として、早く返していくことを目指してはどうですか？」

銀行員に融資を相談し、その後、審査するにあたり、今回申し込む融資の金額・返済期間・返済方法・金利などの条件を設定します。

例えば、〈融資金額3000万円、返済期間５年、返済方法は毎月の分割返済、金利は1.5%〉というように融資条件を設定し、それらが稟議書に書かれて審査されます。

銀行内で審査を行い、可決され、融資が行われることとなった。ところが、融資実行直前に融資の条件を変更しようと銀行員に頼む社長がいます。この場合は再度、稟議書を作成したうえで審査しなければなりません。

例えば、返済期間３年として審査を行い、審査が通ったことを銀行員から聞いた社長が「３年では短いから、返済期間を５年にしてくれ」と依頼すると、再度、銀行員は稟議書を作成しなければなりません。銀行員からすると、たいへん面倒です。

正式に融資を申し込むにあたっては、審査の前にあらかじめこれら融資条件の希望を固め、銀行員にしっかりと伝えておきたいものです。

○繰り上げはできるが、延長はできない

返済期間を話し合うなかで銀行員が「返済期間は最長10年が可能ですが、３年として、早く返していくことを目指してはどうですか?」というようにアドバイスしてくることがあります。

しかし、この場合、返済期間10年まで可能であったら、10年で融資を申し込むべきです。

返済期間が短いことによるデメリットは、返済ペースが速い、ということです。

例えば、長期運転資金として3000万円の融資を受けた場合。毎月返済として返済期間10年とすると月25万円の返済ですが、返済期間3年とすると月83万円の返済となります。

返済期間が短くても、それ以上のキャッシュフロー（事業活動による利益から生み出される現金）を稼げれば問題ありません。しかし、将来どうなるかは分かりません。今は業績が好調でも、それがずっと続くとは限りません。

長い返済期間で受けた融資は、将来まとまった現金ができたら**内入れ**（繰り上げ返済）して返済期間を短くできます。一方、短い返済期間で受けた融資を長く伸ばすことはできません。

どうしても伸ばしたい場合は銀行へ交渉はできますが、それは「**リスケジュール**」と言って、それを行った会社は**銀行に対する信用が大きく落ちる**ことになります。

社長のなかには新たな融資を受けるとき〈融資を早く返してしまいたい〉と、わざわざ返済期間を短く設定してしまう人もいます。しかし、十分なキャッシュフローを稼ぐことができなければ、返済が進むにつれて手元の現金は減少していき、資金繰りが悪化します。**返済期間は可能なかぎり長くとるべき**です。

銀行員からの「返済期間は最長10年が可能ですが、3年として、早く返していくことを目指してはどうですか？」というアドバイスは、不適切なアドバイスです。返済期間は可能なかぎり長くとりましょう。

《ポイント》 **返済期間は〈可能なかぎり長くとる〉のが融資のセオリー。**

014

「据置期間を設けますか?」

〈返済を据え置く〉とは、融資を分割返済する場合、融資を受けた後すぐに返済を開始しないことです。〈据置期間〉とは、その第1回の返済日まで元金の返済をせず、**利息支払いのみとする期間**のことです。

例えば、2021年9月30日に3000万円の融資を実行し、返済期間5年、毎月末日返済とします。据置期間がない場合、毎月の返済金額は、

3000万円 ÷ 60カ月 = 50万円

で、2021年10月31日を第1回返済日として60回返済することになります。

一方、据置期間を設ける場合は以下のようになります。

例えば、据置期間を10カ月設け、融資実行日から11カ月後の2022年8月31日から50回返済するものとします。毎月返済額は、

3000万円 ÷ 50カ月 = 60万円

と、据置期間を設けない場合より多くなりますが、融資実行後10カ月は返済しなくてよくなり、融資を受けた資金を有効に使いやすくなります。こう考えると、据置期間を設けたくなるものです。

しかし、据置期間の間は返済が進まないため、その間もしくは返済開始後すぐの時期には**新たな融資を受けにくくなる**というデメリットがあります。

しばらくの間、新たな融資を申し込む予定がないのならよいのですが、会社を経営していくなかでは、いつ融資が必要となるか分かりません。**安易に据置期間を設けるのは考えもの**でしょう。

融資は一回受けたらその銀行で二度と受けられないものではなく、また

完済しなければ次の融資を受けられないものでもありません。次の融資を受けたいとき、その銀行で前回受けた融資の返済をまだ開始していないと、新たな融資の審査ではマイナス評価の一つとなってしまいます。

据置期間は、融資制度によっては、そもそも設けることができなかったり、1年以内などと上限が決まっていたりします。なお、銀行でプロパー融資を受ける場合は、据置期間のきまりが特にあるわけではなく、銀行との交渉により設けることができます。

融資を申し込んで審査を行うにあたり、金額・返済期間・返済方法・金利などの融資条件を設定しますが、据置期間をどうするかもその条件の一つです。

据置期間を設けたいのか、設ける必要はないのか、設けるならどれぐらいの期間を希望するか、融資を申し込む際、正確に銀行員に伝えるようにしてください。

《ポイント》**据置期間を設けると、その期間中は返済開始しないため〈資金を有効に使える〉というメリットがある一方、返済が進まないため〈次の融資の審査に支障が出る〉デメリットもある。メリット／デメリットを考え、据置期間をどうするか決めるべき。**

015

「団体信用生命保険は加入しますか?」

信用保証協会と日本政策金融公庫(国民生活事業)では、新規で行う融資に、**団体信用生命保険**をつけることができます。

◯後継者にツケをまわさないために

融資を受けた個人事業主――法人の場合は代表権を有する連帯保証人――が被保険者となり、融資の返済途中に死亡もしくは高度障害状態になった場合、残った融資の一括返済にあてられる生命保険のことを団体信用生命保険(以下では「団信」と略記)と言っています。

社長(代表権を持ち、その融資の連帯保証人であるものとする)が死亡もしくは高度障害状態になったときに、**残った融資が保険金で一括返済される**ので、残された会社や後継者は経営を継続しやすくなります。

また、社長が死亡すると、連帯保証人としての保証債務が相続人に相続されてしまい、相続人は相続放棄できるものの、死亡した社長に財産(預金や不動産など)があった場合、それらもまた一緒に相続放棄されてしまいます。しかし、団信に加入していれば、残りの融資は保険金で一括返済、つまり、保証債務の対象となる融資が一括返済されます。

その結果、相続人は相続放棄しなくてもよくなり、財産を相続することができ助かります。

◯一部の融資か、全部の融資か

ただ、気をつけたいのは、一部の融資でのみ団信を掛けていた場合のことです。社長が死亡もしくは高度障害状態になったときに、団信に加入していない融資があれば、それは当然、残ります。その結果、相続人は、社長が連帯保証人となっていた融資で、かつ団信に加入していなかった融資の保証債務をも相続してしまうことになります。

例えば、ある会社の融資残高が8000万円で、そのうち、団信に加入していた融資が3000万円だったの場合、その社長が死亡もしくは高度障害状態になったときに、3000万円は保険金で一括返済されます。しかし、5000万円の融資は残ることになり、社長がその融資の連帯保証人であれば、相続人は保証債務を相続することになります。

すなわち、すべての融資で団信に加入するのであれば効果は大きいですが、一部のみであれば団信に加入する効果がどこまであるのか、しっかりと検討したいところです。

○法人の場合は課税対象

また、もう一つ気をつけなければいけないのは、保険金により一括返済された融資残高は、税務上は「法人の利益となる」ということです。

個人事業主の場合、所得税としては課税されません。ところが、法人の場合は「益金（えききん）」となり、課税の対象となるのです。

こうした税金の影響もあわせて考慮したうえで、団信に加入するかどうか検討してください。

○団信の具体的な手続き

ここで、団信に加入する場合の流れを、ごくごく簡単にみておきましょう。

信用保証協会であれば、保証付融資を申し込むときに提出する「保証委託申込書」で「団信加入希望」欄がありますので〈希望・有〉にチェックをつけ、「保証協会団信申込書兼告知書」「債務弁済委託契約申込書」を提出します。

日本政策金融公庫（国民生活事業）であれば、借用証書の提出時に一緒に「団体信用生命保険申込書兼告知書」「債務弁済委託契約申込書」を提出します。

○保険料はどれくらいか

団信に加入すると、**特約料**という保険料を支払います。特約料は年1回の支払いで、支払時の融資残高をもとに計算されます。

信用保証協会、日本政策金融公庫（国民生活事業）とも、ホームページで特約料をシミュレーションできます。

例えば、信用保証協会で団信に加入し、保証付融資の金額5000万円、返済期間10年とすると、特約料は10年間で100万円を超えることになります。ただ漫然と加入するのではなく、加入するメリットが自社にどこまであるかをしっかり検討したいものです。

○加入資格について

信用保証協会の場合、加入申込時の被保険者の年齢が**満20歳以上満71歳未満**であることが条件です。ただし、被保険者が満75歳となった日の属する弁済責任期間（特約料を支払った期間）の末日で保険期間は終了します。

日本政策金融公庫（国民生活事業）の場合、加入申込時の被保険者の年齢が**満15歳以上満68歳未満**であることが条件です。ただし、被保険者が満77歳となった日の属する弁済責任期間（特約料を支払った期間）の末日で保険期間は終了します。

上限金額は、信用保証協会は融資残高**1億円**、日本政策金融公庫（国民生活事業）は**1億5000万円**です。

このセクションの冒頭で書いたとおり、「新規で行う融資に」のみ加入が可能で、融資実行後の途中加入はできません。

また、生命保険ですので、健康状態等によってはそもそも加入できないこともあります。

団信に加入するかどうかで、審査が通りやすくなったり、通りにくくなったりする影響はありません。

また、団信は融資実行にあたって、その都度申し込むものです。

なお、信用保証協会の団信に入っていたら日本政策金融公庫の団信に入れないというものではありません（逆の場合も同様です）。

団信については、銀行員によってアドバイスしてくれる人と、そこまで気が回らない人がいます。

また、銀行員によって団信の知識の差も大きいです。

加入したいのなら、融資を申し込むときに、**自ら銀行員に申し出たほうがいい**でしょう。

《ポイント》 **団体信用生命保険に加入するメリットが大きい会社もあれば、そうでない会社もある。自分の会社の実態を見たうえで、融資を申し込むにあたり加入するかどうか、あらかじめ決めておこう。**

016

「金利は○○％となります」

○銀行にとって都合のいい社長

銀行員に融資を相談し、審査が行われるにあたり、銀行員から「金利は2.5％となります」と言われ、そのまま受け入れてしまう社長がいます。

もしくは、審査の前に銀行員から金利の話をされることなく、審査が通ったあとはじめて銀行員から今回の融資の金利を言われる、なんてこともあります。

しかし金利は、融資制度によりあらかじめ決められている場合でないかぎり、**銀行と交渉できるもの**です。

多くの社長は金利を交渉できるものと知らず、銀行員の言うまま受け入れてしまっています。銀行としては高い金利のほうがよいのですから、銀行員が言う金利をそのまま受け入れてくれる社長は銀行員にとってラクです。

○金利はコスト

日本銀行の統計によると国内銀行の新規貸出金利は、

（2001年7月）1.71％ ⟶ （2011年7月）1.07％ ⟶ （2021年7月）0.57％

というふうに、下がり続けています。

あなたの会社はどうでしょうか。業績や財務内容が悪化し、銀行が金利を低くしてくれないなどの事情があればまだしも、そうでなければ金利は低くしていきたいものです。

しかし、金利に無頓着（むとんちゃく）であると、企業は大きなコストを払い続けることになります。もし融資残高がずっと1億円であるとして、世間水準より1.0％高い金利で計算される利息を支払い続ければ、1年間で100万円、5年間で500万円もの経費が余分に出てしまうことになります。

これまで金利は交渉できるものと知らず、銀行員の言う金利をいつも受け入れていたというのであれば、今後の融資では金利の交渉を行いたいものです。

○金利交渉のタイミング

金利の交渉を行う良いタイミングは、銀行が融資の審査を行う前です。審査にあたり、融資条件の一つとして金利も設定されたうえで稟議書を作成します。決裁になった後に社長から金利を交渉されても、いったん審査で決まった金利を変更するには再度、稟議書を作成しなければなりません。銀行員としては面倒です。

融資審査が始まる前、融資の申し込みを銀行員に行う際に金利を交渉しましょう。なお融資を申し込むときに、銀行員から「金利は○○%でいかがですか?」と聞いてくることは少ないものです。社長から「**金利はどのようにお考えですか**」と問いかけ、交渉していくべきでしょう。

なお、一つの銀行からしか融資を受けていない会社では、銀行間で競争が起きず、金利を交渉しても話が進まず銀行員の言うままの金利になりがちです。可能ならば、**複数の銀行から融資を受けることで、銀行間の競争が起きる**ようにしたいところです。

〈自分の銀行から融資を受けてほしい〉と銀行員が思ってくれれば、交渉することで金利を低くしてもらいやすくなります。

《ポイント》**金利は交渉できる。融資の審査が始まる前に金利を社長から問いかけ、交渉したい。**

017

「融資は何に使うのですか?」

○銀行は使途にこだわる

銀行員に融資を相談すると必ず聞かれるのは「融資は何に使うのですか?」です。

融資を受けたいのなら、資金を必要とする理由があるはずです。

融資で得られた資金を何に使うのかを「**資金使途**（しと）」と言います。資金使途をはっきりさせないと銀行は融資を行いません。

銀行員はなぜ資金使途を聞くのでしょうか。融資で出た資金が事業の維持・成長ではなく、事業に関係のないことに使われたら、その融資が最後まで返済される可能性が低くなるからです。

これは、ある建設業の会社の事例ですが、工事ごとに毎回、材料費や外注費を売掛金回収時よりも先に支払わなければならないことから、まとめて運転資金を借りようとしました。材料費や外注費の支払いを資金使途とした運転資金として2000万円、返済期間7年で融資を受けました。しかし、社長は2000万円入金された預金残高を見て欲が出てしまい、資金を増やそうと2000万円のすべてを株式投資の信用取引につぎ込んで大損し、資金はまったくなくなってしまいました。

この事例のように融資で出た資金を資金使途とは別のことに使ってしまえば、資金使途で示された目的を達せられません。この会社は、本来の資金使途であった材料費や外注費の支払いができず仕事が滞（とどこお）ってしまい、融資の返済もできなくなってしまいました。

融資で得た資金はどのようなことに使ってもよいわけではありません。

事業の維持・成長のための運転資金や設備資金として使われなければ、

融資が最後まで返済される可能性は低くなります。だからこそ銀行は資金使途を重要と考え、融資が申し込まれる際、必ず資金使途を企業に確認するのです。

○審査に有利に働く

資金使途がより具体的に説明されるほど、融資がその会社にとって必要であるものとして銀行は納得しやすくなり、審査に有利に働きます。以下に資金使途の説明の例をしめしておきます。

- 売上が増加する見込みであり、売掛金や在庫が増えることによる運転資金（これを「**増加運転資金**」と言います）が必要となることを、売上の増加予定とともに説明する。
- 製造して在庫を増やす時期に資金が必要で、在庫が売れる時期までのつなぎとして資金を調達したいと、資金繰り表や売上・仕入予定の表とともに説明する。
- 増産のために設備投資を行いたいこと、また設備投資の結果、売上と利益が伸びる見込みであり効果は高いことを、売上・利益の予測を書いた表とともに説明する。

資金使途は稟議書に書かれます。審査では〈資金使途が明確で妥当か〉が見られます。また、資金使途と融資金額、返済期間との整合性も見られます。

《ポイント》**資金使途は、銀行へ融資を申し込むにあたり具体的に説明する。資金使途は融資の審査で重要なことの一つ。**

018

「〈設備資金〉として融資を受けたいとのことですが、〈運転資金〉として申し込みませんか?」

設備資金とは、事業を行っていくなかで必要となる設備を購入あるいは建築するために必要な資金のことです。例えば、工場・店舗などを構えるための土地・建物の購入・建築資金だったり、商品配送や営業訪問のための車両購入資金、あるいは、製造のための機械購入資金などです。

銀行に融資を申し込むにあたり銀行から「資金使途は何ですか?」と聞かれますが、設備資金はよくある資金使途の一つです。しかし、そこですかさず「〈設備資金〉とのことですが、〈運転資金〉として融資を申し込みませんか?」と言ってくる銀行員がいます。

設備資金として融資を申し込むと、その設備の見積書、契約書などの資料が必要となります。また、なぜその設備を導入するのか、投資効果をどれだけ見込んでいるのか、銀行に説明する必要があります。設備資金を資金使途として融資を申し込むのは面倒なのです。そこで、融資の申し込みや審査を早く行えるようにと、銀行員が「設備資金とのことですが、運転資金として融資を申し込みませんか?」と言ってくることがあるわけです。

○設備資金で融資を申し込むメリット

設備資金として融資を申し込むと、次の3つのメリットがあります。

① 融資で得た資金を何に使うか明確であるので、資金使途を銀行に納得させやすい

② 運転資金に比べ、返済期間を長く設定しやすい

設備投資は長期間にわたり会社に効果をもたらすものであり、それに見合った返済期間として5～10年、場合によっては20年もしくはそれ以上の返済期間に設定できます。なお、減価償却の耐用年数内で返済期間が設定されるのが通常です。運転資金の融資の返済期間はふつう、設備資金の融資の返済期間より短いです。

③ 設備資金は運転資金とは別に集計される

銀行では運転資金と設備資金の融資、それぞれ別に集計しています。設備資金で融資を受けられるのに運転資金で融資を受けてしまうと、運転資金として受けた融資金額が大きくなり、その後、新たに運転資金で融資を受けたいときに支障が出てしまいます。

こんな例があります。

ある会社では土地建物を購入するにあたり4000万円の資金を必要としました。信用保証協会の保証をつけましたが、〈審査が早い〉とのことで運転資金として申し込むよう銀行員から言われ、運転資金として融資を受けました。設備資金であれば返済期間20年にすることもできたのですが、運転資金のため10年とされてしまいました。その結果、毎月の返済金額は２倍となり、資金繰りに支障が出てしまっています。また、運転資金として融資を受けたため、信用保証協会では運転資金として大きな金額をすでに保証、融資しているとして、次の運転資金の融資が出にくくなってしまっています。

早く融資を受けたいという目先の利益を追ってしまったことで、後になって支障が出ている事例です。

《ポイント》**設備資金として融資を受けられるのに、安易に運転資金として融資を受けると後で支障が出る。**

019

「現金商売だから資金はいらないですよね？」

現金商売とは、日々の売上の多くを現金で回収できる業種のことを言います。〈現金商売である〉と銀行員から見られやすい業種には、**飲食店**、**美容室**、**不動産仲介会社**などがあります。

融資の審査では資金使途を見られます。

売上を上げても売掛金の回収に時間がかかり、その間に仕入や経費の支払いをしなければならないことは、運転資金の資金使途の一つとして銀行に受け入れられやすいものです。しかし、上にあげたような現金商売の会社では、売上を上げたらすぐに現金が手に入るため、〈運転資金として融資を受ける必要はない〉と銀行から見られやすいのです。

現金商売の会社から運転資金として融資を受けたいとの相談があった場合、実際は事業で赤字が出ていて、〈その赤字分を補塡（ほてん）するために融資を受けたいのでは？〉と銀行員が考えてしまうことはよくあります。

赤字を補塡するための融資を銀行は行いたくないものです。赤字の会社では融資の返済財源となるキャッシュフロー（事業活動により得られる利益から生み出される現金）を稼げておらず、むしろ赤字により現金は減少していくため、将来、融資が返済できないことになりやすいからです。

○資金使途をより具体的に説明する

銀行員に融資を相談したところ「現金商売だから資金はいらないですよね？」と言われてしまった。この場合、より具体的に資金使途を説明する必要があります。次がその例です。

- 飲食店での厨房機器など、新たに設備投資を行うために資金が必要であるとして、設備の見積書を用意し、設備投資による効果を説明する。

- 新たに出店するための資金が必要であるとして、設備投資の計画や、店舗が軌道に乗るまでの家賃・人件費などの先行して出ていく経費を説明する。
- クレジット決済や電子マネー決済の割合が大きく、入金までに日数もかかるため運転資金が必要であることを説明する。
- 広告宣伝を大々的に行うなど、先行投資を行うために資金が必要であることを説明する。
- 美容室で来店客に美容グッズの小売も大きく行っていくなど、商品を仕入れる資金が必要であることを説明する。

これらを書面にして銀行員に説明することで、銀行員は稟議書に資金使途を書きやすく、また審査のなかで、資金使途が納得されやすいことでしょう。これらの資金使途が事業の維持・成長に必要であり、金額や返済期間も妥当なものと銀行が見てくれれば、審査に有利となります。

《ポイント》 **具体的な資金使途を書面で説明し、融資を必要とする理由を銀行に納得させる。**

020

「預金が多いから融資はいらないのでは？」

○無借金＝安全？

銀行員に融資を相談したところ、直近の決算書や試算表を見て、「預金が多いから融資はいらないのではないですか」と銀行員から言われることがあります。預金がどれだけあると銀行員から多いと見られるのか、決まった数字はありません。銀行員は自らの感覚でこのように言ってきます。

資金不足に陥(おちい)らない安全な経営を行うためには、多くの支払いを行った直後など預金量が最も少なくなる日を基準に、月商の1カ月分の預金は最低、確保したいものです。月商1カ月分の預金を確保できるようになったら、次は月商3カ月分の預金の確保を目指し、もっと安全な経営としていきましょう（例えば、年商2億4000万円、12カ月で割って月商2000万円の会社では、預金量が最も少なくなる日で月商1カ月分2000万円の預金を持てるようにします。もっと安全な経営を行うには月商3カ月6000万円の預金を持てるよう目指します）。

そのために必要なのが、運転資金として銀行から融資を受け、預金量を増やすことです。社長のなかには〈借入金は少ないほどよい〉と考える人もいます。ただ借入金が少なくても、一方で預金も少なければ資金不足に陥りやすく危険な経営です。**借入金は多くてもよいから、預金を豊富に持つべき**です。

預金を豊富に持つ経営を実践している、ある上場企業の直近の貸借対照表を見ると、年商95億円（月商8億円）、預金26億円、借入金47億円で、月商の3カ月分以上の預金を持っています。この会社が、〈預金26億円は多すぎるから〉と、1億円を残し25億円をまとめて借入金の返済にあててしまうとどうなるでしょうか。借入金は（47億円－25億円＝）22億円と少なくなりますが、預金1億円となってしまい、何かあったらすぐに資金不足に陥ってしまいます。〈融資を多く受け、預金を豊富に持つ〉のが安全な経営のセオリーです。

◯借入金を増やす機会をどのように作るか

社長が頼まないでも銀行員が融資を売り込んできて、運転資金として多くの融資を出してくれることがあります。現在は金利が低く、銀行は融資量を増やすことで利息収入を増やそうとしています。

銀行員から融資を売り込んできた場合、資金使途を〈運転資金〉とすればそれ以上の説明を求められないことが多く、スムーズに融資を受けて預金を増やしやすいです。

銀行員から融資を売り込んでくる機会を増やすには、**多くの銀行と接触することが有効**です。融資を受ける銀行の数を増やすこと、新規の銀行が営業に来たら追い返さず話を聞くこと。これらにより、銀行員から融資を売り込んでくる機会を増やせます。

一方、銀行員が融資を売り込んでくる機会がなかなかない場合、企業側から銀行に融資を相談します。しかし、銀行員から「預金が多いから融資はいらないのでは?」と言われてしまったら、次のように説明しましょう。現状、預金が多いといっても「**手元にある預金は安全な経営のため、手をつけずにいたい**」という考えを銀行員に伝え、理解を得るようにするのです。

- 安全な経営を行うために常時、月商◯カ月分の預金を持っておきたいと、資金繰り表も見せながら説明する。
- 売上が今後、増加する見込みであり、売掛金や在庫が増えるために運転資金(増加運転資金)が必要となることを、売上の増加見込み金額とその根拠とともに説明する。

《ポイント》 **安全な経営を実現するために預金を豊富に持っておきたい考えを説明し、銀行員の理解を得る。**

021

「本部決裁となります」

○銀行には〈本部〉と〈支店〉があり、支店にはそれぞれ〈格〉がある

銀行に融資を申し込んだところ「本部決裁となります」と言われることがあります。このことば、聞き流すことも多いものですが、**融資の審査において重要な意味**があります。

融資の審査を行うにあたっては、銀行の担当者が稟議書を作成し、支店のなかで回覧されます。回覧された人は融資を行うかどうか、それぞれ意見を書いていき、最後は支店長もしくは本部で決裁されます。最終決裁する本部の名称は、各銀行によって「**審査部**」「**融資部**」などがあります。

最終決裁者は誰になるのか、各銀行でルールが決められています。その銀行から企業への融資総額や、企業の債務者区分（企業の財務状態や返済状況から銀行が企業の信用度を区分したもの）、支店の格などの要素で決まるルールです。支店の格は、各銀行で次の例のように決められています。

- **「A格」の支店**……地域の中心地にあり、規模が大きい企業との取引が多く、支店全体の融資総額が大きい支店
- **「B格」の支店**……A格の支店の周辺地域にあり、中堅企業や中小企業との取引が多く、支店全体の融資総額は銀行のなかで中程度の支店
- **「C格」の支店**……小規模企業や個人との取引が多く、支店全体の融資総額が小さい支店

支店の格が高いほど、銀行のなかで上位にいる支店長が着任します。

ある会社に対し支店長が決裁できる融資総額の例を見てみましょう。

なお、「**正常先**」「**要注意先**」とは**債務者区分**のことです。信用保証協会の保証をつけると、支店長が決裁できる融資金額は大きくなります。

下表の例は、**プロパー融資で支店長が決裁できる融資総額の例**です。

支店の格	正常先	要注意先
A格	1億円	3000万円
B格	5000万円	2000万円
C格	3000万円	1000万円

ここでの融資総額とは、新たに審査する融資も加えた金額です。

例えば、ある会社で、この銀行からすでに受けているプロパー融資の残高が〈4000万円〉であったとします。支店の格は「B格」で、会社の債務者区分は「正常先」です。この例の場合、上の表を見ると支店長決裁は〈5000万円〉までですので、新たな融資をプロパー融資で〈3000万円〉申し込んだら、プロパー融資の総額は、4000万円＋3000万円＝7000万円となります。そうなると、支店長決裁の上限である5000万円を超えるため、本部で決裁を行うことになります。

一方、新たな融資が〈1000万円以下〉であったなら、プロパー融資の総額は5000万円を超えないため、支店長が決裁できることとなります。

新たに受けようとする融資が支店長が決裁できる範囲に収まるかどうかは、審査のポイントの一つです。本部で決裁される融資に比べたら、支店長が決裁できる融資は審査が通りやすいのです。

支店の業績を上げることは支店長に課せられた仕事の一つで、重要なのは支店全体の融資量の増加です。そのため、支店長は〈審査をなるべく通したい〉と考える傾向にあります。一方で本部は、将来的に貸し倒れを出さないことに重点を置いているため、本部決裁の融資は審査が厳しくなり、本部の審査が必要となるぶん、審査にかかる時間も長くなります。

支店長が決裁できる融資金額をあらかじめ担当の銀行員に聞いておき、その範囲内で融資を申し込むことは、融資の審査を通しやすくする方法の一つです。しかし、支店長が決裁できる金額を意識しすぎると、その銀行からは多くの融資を受けられないことにもなりますから、本部決裁でも審査を通せるよう、業績や財務内容が良い会社になりたいものです。

《ポイント》**本部決裁だと審査は通りにくくなるが、その銀行から多くの融資を受けられるメリットもある。支店長決裁かどうかを意識しすぎないようにする。**

022

「過去に資金使途違反したとみなされているので、新たな融資は難しいです」

○違反者の烙印は重い

銀行員に融資を相談したところ「過去の融資で資金使途違反があったから新たな融資は難しい」と言われてしまい困った――。ときどき耳にするケースです。資金使途違反とは、銀行へ融資を申し込む際に伝えた資金使途を守らず、融資で得た資金を別の使途に使うことです。

資金使途違反とみなされると、資金使途違反した融資の一括返済を銀行から要求されたり、そこまではいかなくても、その後、資金使途違反した銀行から融資を受けられなくなったりします。また、資金使途違反した融資が保証付融資であったら、信用保証協会のなかで資金使途違反した会社として記録されます。そうなると以後、どこの銀行で保証付融資を申し込んでも信用保証協会で保証の審査が通らず、保証付融資を受けられなくなってしまいます。

資金使途違反は運転資金でも設備資金でもありえますが、特に多いのは設備資金として融資を受けた場合です。

○資金使途違反とみなされる例

① 銀行や信用保証協会に伝えた資金使途とは別のことに資金を使った

② 設備資金の融資が入金される前に購入先に代金を支払った

次のような例は資金使途違反となります。

1月30日……融資審査が通ったことを銀行から言われた。⇒

1月31日……融資審査が通ったことから社長は安心し、設備の代金1000万円を、たまたま持っていた預金から購入先に支払った。⇒

2月5日……融資1000万円が実行された。

③ 後から必要金額が減少した

例えば、機械購入資金として融資を500万円申し込み、審査が通り融資を500万円受けたが、購入先から100万円の値引きがあった場合です。購入先に支払うのは400万円となり、残り100万円を運転資金に回したら、資金使途違反と見られます。

④ 設備の購入先から後で返金された

例えば、設備の購入先に金額を水増しした見積書を作ってもらい、銀行から設備資金の融資を受け購入先に振り込んだ後、購入先から一部を返金してもらい運転資金に使った場合です。

特に信用保証協会は資金使途違反に厳しく、企業がなにげなくとってしまった上記の②や③の例のような行動で資金使途違反とみなされ、あとで保証が受けられなくなるケースはよくあります。

「過去の融資で資金使途違反があった」と銀行員から言われたら、その融資を全額返済しなければ次の融資は受けられません。

資金使途違反をしたつもりはなく、銀行や信用保証協会が誤解していると思ったのなら、すぐに出向いて釈明すべきでしょう。しかし、その釈明も認められないことが多いのです。

資金使途はそれだけ重要なことであり、決して安易に考えないようにしたいものです。

《ポイント》**資金使途違反とみなされたら、その融資を全額返すか、誤解を解くよう銀行や信用保証協会に釈明しなければならない。資金使途を安易に考えてはいけない。**

023

「設備業者に金額を大きくして見積書を書いてもらってはどうですか?」

○違法の烙印はもっと重い

設備投資を行おうと融資を申し込むにあたり、銀行員から「設備業者に設備の金額を大きくして見積書を書いてもらってはどうですか?」とアドバイスされた……。これは実際にあった話です。

その会社は300万円の機械を購入しようと考えました。そこで300万円の融資を銀行員に相談したところ、次のようにアドバイスされたのです。

「機械の販売会社に見積書を800万円で作ってもらい、銀行から800万円の融資を受け、販売会社に800万円を振り込んだら、うち300万円は実際の機械の代金、100万円は販売会社が協力してくれた謝礼とし、残り400万円を返金してもらい運転資金にあててはどうですか?」

このアドバイスどおりに行うと、**銀行に対する詐欺**(さぎ)となります。しかし、このような違法な行為を社長にアドバイスしてしまう銀行員が実際、一部ながらいるのも事実です。

なぜ、銀行員がこのようにアドバイスしてきたか、真相は分かりません。

300万円の融資より800万円の融資のほうが銀行員の成績になるので成績を上げたかったのかもしれません。

この会社は設備資金とは別に運転資金も必要としていました。資金使途を〈設備資金+運転資金〉として設備資金とともに運転資金を必要とする理由を稟議書で説明するより、設備資金800万円としたほうが設備資金のみの説明で済むため、やりやすいと考えたのかもしれません。

銀行員からこのようにアドバイスをされた社長から「このようなことを

やっても問題ないのでしょうか?」と相談された私は、違法であると伝えました。

その後、正しい金額である300万円の見積書で銀行に融資を申し込み、銀行と信用保証協会で審査が通って融資を受けました。

しかし、銀行員のアドバイスのままウソの金額の見積書を作って融資を受け、その後、銀行や信用保証協会にバレてしまったら資金使途違反となってしまいます。

資金使途違反となると、その融資を全額返済しなければ新たな融資を受けられなくなります。それどころか、全額返済したとしても銀行と信用保証協会をだました会社として二度と融資を受けられなくなったり、もしくは刑事事件とされてしまったりするかもしれません。

○わざとでなくても違法は違法

銀行員の一部には、平気で違法なことを社長にアドバイスする人もいます。しかし、実際に銀行や信用保証協会にバレてしまったとき「銀行員からアドバイスされたからやった」と言っても、その社長が許されるわけではありません。

その銀行員は銀行内で懲戒処分されるかもしれませんが、その会社も銀行をだました会社として銀行や信用保証協会のなかで記録され、今後の融資が受けられなくなってしまうことは十分にありえます。銀行員からアドバイスされたとしても、違法は違法です。いくら良さそうなアドバイスでも、違法なことを行ったら後で苦しくなるのはその会社です。アドバイスを鵜呑(うの)みにするのではなく、善悪を自分で判断してください。

《ポイント》**「銀行員からアドバイスされて(違法なことを)やった」という言い訳は通用しない。**

column 銀行員の日常のひとこま②

銀行の窓口が混む日

銀行の窓口が特に混む日があります。銀行へ訪問するなら、そのような日を避けると、待たされることは少なくなることでしょう。

銀行の窓口が混む日は、

- 曜日で言うと、週明けの月曜日
- 月のなかで言うと、月末日や五十日（ごとおび）（5日・10日・15日・20日・25日）

です。

月曜日は週のはじめであり、用事を済ませようと多くの人が来店します。月曜日が祝日の場合は翌日の火曜日が混みます。

また、月末日は企業にとって入金や支払いが集中する日です。月末日が土日の場合はその前日が混みます。

なお、月末日以外の五十日に取引先への支払いを行う会社もあります。また、年末は特に混みます。用事を済ませて新年を迎えたいと考える人が多く来店しますし、〈お年玉〉を用意するために新札に両替しようとする人が殺到します。

最近では、来店客が多いと予想される日をカレンダーに示すことで、来店客が少ない日に来店するよう、顧客にアピールしている銀行が多くあります。

ただ、以上のようなことはあくまで銀行の窓口が混む日のことであり、入金や出金、振込業務などを扱うことが少ない営業係や融資係は、これらの日であっても忙しくないことが多いものです。

融資に関する打ち合わせを行いたいのであれば、上記の窓口混雑日であっても気にせず、アポイントをとりましょう。

第3章

融資の審査中に銀行員にこう言われた

024

「○○の資料をください」

○疑心暗鬼になる社長

ある社長が融資審査の途中で、銀行員から「○○の資料をください」と言われて、私に「うちの会社の何かを疑っているんでしょうか」と相談してきたことがあります。そのとき、はたと気づいたのですが、

〈銀行員の言うことが、そこまで気になるものなのか！〉

と私は思ったものです。その驚きが発端(ほったん)となって本書もあるわけですが、このように銀行員が何か言うと疑心暗鬼になる社長は多いのです。

そのときは社長に「銀行員が資料を要求するのは当たり前のことだ」と言ったのですが、そんな無用の気苦労でびくびくしている方々へは声を大にして「疑心暗鬼にならないで」とお伝えしたいです。

○高い頻度で要求される資料

前述のとおり、融資の審査を行うにあたり銀行の担当者がまず稟議書を作成します。その際、いくつかの資料が必要となります。

銀行から必ず要求される資料は〈**3期分の決算書**〉ですが、それ以外で高い頻度で要求される資料には、

〈**試算表**〉　〈**資金繰り予定表**〉　〈**経営計画書**〉　〈**借入金一覧表**〉

があります。それぞれの資料を要求されたときに、銀行としてはどのようなねらいがあるのか、次項以降（*025*〜*027*、*029*）で述べていきます。

そもそも、なぜ銀行は決算書の他にも、いろいろな資料の提出を要求してくるのでしょうか。

それは、会社や社長のことを疑っているわけではなく、審査を通すため

です。融資を断るのなら、そもそも**資料の提出を要求することなく**断ります。

稟議書を作成する銀行員は〈審査を通そう〉と思っているものです。稟議書を作成するには時間と手間がかかります。銀行員は審査が通る見込みがないのに稟議書をわざわざ作成しようとはしません。

資料が決算書のみでは稟議書を作成するのに不足します。そこで銀行員はいろいろ資料を要求してくるのです。

○審査に有利になる資料は自主的に提出する

審査を通すために有利になる資料があれば、銀行員から要求されなくても自主的に提出したいものです。

会社案内や商品・サービスのパンフレットは、銀行に、自社がどのような会社か、何を売っている会社か分かってもらうために良い資料です。会社案内やパンフレットは銀行だけでなく取引先などにも配れる資料であり、作っていないのであればこの機会に作りたいものです。

資金使途を銀行に納得してもらうには、資金使途の説明となる資料を作成し提出しましょう。

例えば、設備資金であれば、設備の見積書や設備投資の効果の予測を書いたもの。売上増加による運転資金であれば、新たな取引先との契約書や今後の売上予測など。このような資金使途を説明する資料は、銀行から要求されなくても自主的に提出するよう心がけてください。

《ポイント》**融資審査にあたり銀行員が資料を要求してくるのは、〈審査を通したい〉からである。**

025

「試算表をください」

融資の審査を行うにあたり、決算書の次に銀行から要求されることが多い資料は「試算表」です。

試算表とは、前期の決算の後、今期ここまでの損益と資産負債状況を表したものです。試算表では今期の途中経過の損益計算書・貸借対照表が表されます。毎月、仕訳入力していれば、会計ソフトからすぐに取り出すことができます。

1年に1回作られる決算書では、前期の業績や財務内容が分かります。一方、今期ここまでの業績や財務内容は試算表でしか分かりません。前期の決算から3カ月経過していれば、銀行は融資審査にあたり試算表を要求してくるものです。例えば、決算期が3月で、現在が同じ年の7月であれば、銀行は試算表を要求してくることでしょう。

試算表を作っていない会社について、銀行では今期の業績が分からず、それでは新たな融資を出しづらいです。**試算表を提出できないと融資審査で不利に**なります。そもそも試算表の提出を銀行員から要求されているのに提出しないのであれば、審査はその時点で止まってしまいます。

毎月の損益を把握していない社長を見て、銀行員はあきれてしまうかもしれません。〈この社長は現在の業績も把握しないで、どのように経営しているのか〉。これが、試算表を作っていない会社に対して銀行員が抱(いだ)く思いです。そういう点でも融資審査は厳しくならざるをえません。

銀行が試算表を要求してきた場合、そこから顧問税理士に試算表の作成を依頼する社長がいます。しかし、試算表は本来、社長が今期ここまでの累計損益や前月単月での損益を把握し、経営を振り返り、今後どのように経営していくか考えるためのものです。**試算表は銀行に融資を申し込むことを第一の目的として作るものではありません。**

〈銀行から要求されたときに税理士に頼んで、試算表を出してもらえばよい〉——このような意識の社長は問題です。

試算表を毎月作成し、社長が経営を振り返る——そして、いつでも銀行に試算表を提出できるよう、毎月、仕訳入力を行うようにしてください。

自社で仕訳入力を行える体制がなければ、顧問税理士に依頼して**毎月翌月中には前月までの試算表が出る**ようにしておきましょう。

なお、融資を申し込むときだけでなく、ふだんでも企業から自主的に銀行に試算表を提出している会社であれば、銀行はその会社の最新の業績が分かり、信頼が厚くなります。**試算表の提出はふだんでも3カ月に1度は行ったほうがよい**ですし、**できれば毎月提出したほうがよい**のです。

試算表をふだんから提出することにより、銀行員とのコミュニケーションが良くなり、銀行員からの融資提案が多くなることも期待できます。

《ポイント》**銀行員は今期ここまでの経営状況を見るために試算表を要求する。「試算表をください」と言われてから税理士に依頼するのはダメ。試算表は本来〈毎月作成し、経営をその都度、振り返る〉ためのもの。**

026

「資金繰り表をください」

融資を申し込むにあたり、決算書・試算表の次に銀行から要求されることが多い資料は「資金繰り表」です。

融資審査で、銀行から資金繰り表を要求されることはよくあります。資金繰り表のひな型を用意している銀行もあり、その場合は銀行に依頼するともらえます（なお、80ページに「資金繰り表」の例を掲げておきます。また、そのひな型はこちらのサイト https://sikinguri.info/download/ からダウンロードできます）。

資金繰り表には**資金繰り実績表**（以下「実績表」）と**資金繰り予定表**（以下「予定表」）があります。実績表とは過去の資金繰り、予定表とは将来の資金繰りを表したものです。

企業が融資を受ける目的は、必要な資金を融資で確保することによって資金繰りが円滑に回るようにすることです。資金繰りが回るかどうかを知るために、毎月どの項目にいくらの入金・出金があり預金残高はどのように推移していくか、**一覧で見えるようにする**と便利です。それを表すものが資金繰り表です。

銀行は資金繰り表を見て、融資を受けることで今後、資金繰りがどのように回っていくか、また過去はどのように資金繰りが回ってきたか確認します。そのために銀行は資金繰り表を要求するのです。

銀行から資金繰り表を要求されるとき、〈予定表をほしい〉という意味で言われることが多いです。しかし、予定表とともに〈実績表もほしい〉という意味で言われることもあります。予定表のみでよいのか、それとも実績表もあわせて提出してほしいのか、銀行員からはっきりと言われなかったら、こちらから聞いてください。また、何カ月分を作ったらよいのかも一緒に聞くとよいでしょう。

予定表は、将来の毎月の損益計画や設備投資計画から作られます。一方、実績表は、過去の現金預金の入出金を集計したものから作られます。

作り方はまったく違います。

予定表のみであればまだしも、実績表もあわせて提出するのであれば、作成に手間がかかってしまいます。銀行の意向にもよりますが、なるべく予定表のみの提出で済むようにしたいところです。

なお、予定表と実績表、この2つの資金繰り表は**横に並べて表示**できます。例えば、現在は2021年9月下旬とし、2021年8月までの分は過去の数値を集計した実績表、2021年9月からの分は将来の資金繰りを予測した予定表を作る場合などです。8月末の現金預金残高と9月初めの現金預金残高は同じ金額ですので、8月までを実績表、9月から予定表として続きで横に並べられるわけです（次ページ参照）。

なお、融資を申し込むときだけでなく、ふだんから資金繰り表を作っておいたほうがよいでしょう。資金繰り表で今後の資金繰りを予測することで、〈銀行にいつ、いくら、融資を申し込めばよいのか〉計画を立てることができます。

《ポイント》 **銀行が資金繰り表を要求するのは、融資により資金繰りが円滑に回るのかを確認するため。銀行から要求されたときだけでなく、自社でも資金繰り管理を行う目的で、ふだんから資金繰り表を作っておくとよい。**

月次資金繰り表

	2021年6月	2021年7月	2021年8月	2021年9月
	実績	実績	実績	予定
月初残高	**36,016**	**38,760**	**37,506**	**23,405**
現金売上	2,216	1,500	1,500	1,500
売掛金回収	35,100	35,100	35,100	35,100
手形取立・割引	4,821	4,000	4,000	4,000
その他収入	291	100	100	100
経常収入	**42,428**	**40,700**	**40,700**	**40,700**
現金仕入	438	500	500	500
買掛金支払	28,628	27,428	32,428	27,628
手形決済	4,592	5,000	5,000	5,000
人件費支払	1,265	1,265	1,265	1,265
その他支払	2,087	2,087	2,087	2,087
支払利息	193	193	193	193
税金支払			2,847	
経常支出	**37,203**	**36,473**	**44,320**	**36,673**
経常収支	**5,225**	**4,227**	**−3,620**	**4,027**
設備売却	0	0	0	2,500
設備収入	**0**	**0**	**0**	**2,500**
設備購入	0	0	0	0
設備支出	**0**	**0**	**0**	**0**
設備収支	**0**	**0**	**0**	**2,500**
借入実行(銀行)	0	0	0	0
借入実行(その他)	3,000	0	0	0
固定性預金払出	0	0	0	0
財務収入	**3,000**	**0**	**0**	**0**
借入返済(銀行)	5,481	5,481	5,481	5,481
借入返済(その他)	0	0	5,000	0
固定性預金預入	0	0	0	0
財務支出	**5,481**	**5,481**	**10,481**	**5,481**
財務収支	**−2,481**	**−5,481**	**−10,481**	**−5,481**
収支過不足	**2,744**	**−1,254**	**−14,101**	**1,046**
月末残高	**38,760**	**37,506**	**23,405**	**24,451**

（単位：千円）

2021年10月	2021年11月	2021年12月	2022年1月	2022年2月
予定	予定	予定	予定	予定
24,451	**19,697**	**34,590**	**37,531**	**45,672**
1,500	1,500	1,500	1,500	1,500
36,900	39,900	44,900	44,900	44,900
4,000	4,000	4,000	4,000	4,000
100	100	100	100	100
42,500	**45,500**	**50,500**	**50,500**	**50,500**
500	500	500	500	500
32,728	32,428	32,628	32,428	32,428
5,000	5,000	5,000	5,000	5,000
1,265	1,265	1,265	1,265	1,265
2,087	2,087	2,087	2,087	2,087
193	193	193	193	193
	3,581			2,847
41,773	**45,054**	**41,673**	**41,473**	**44,320**
727	**446**	**8,827**	**9,027**	**6,180**
0	0	0	5,000	0
0	**0**	**0**	**5,000**	**0**
13,000	0	0	0	0
13,000	**0**	**0**	**0**	**0**
−13,000	**0**	**0**	**5,000**	**0**
13,000	20,000	0	0	0
0	0	0	0	0
0	0	0	0	0
13,000	**20,000**	**0**	**0**	**0**
5,481	5,553	5,886	5,886	5,886
0	0	0	0	0
0	0	0	0	0
5,481	**5,553**	**5,886**	**5,886**	**5,886**
7,519	**14,447**	**−5,886**	**−5,886**	**−5,886**
−4,754	**14,893**	**2,941**	**8,141**	**294**
19,697	**34,590**	**37,531**	**45,672**	**45,966**

027
「経営計画書を出してください」

多くの会社では、返済期間1年を超える長期融資を中心として融資を受けています。その融資は、キャッシュフロー（事業活動により得られる利益から生み出される現金）を返済財源として返済を行っていくのが基本です。

キャッシュフローについて、銀行では決算書のなかの損益計算書を見て、簡易的な計算式〈当期純利益＋減価償却費〉で計算することは前述のとおりです。キャッシュフロー内で融資の返済ができるのであれば、返済能力がある会社と見られ、審査は通りやすくなります。

しかし、現在のキャッシュフローでは既存融資の返済額に新規融資の返済額も加えた返済額を返済できないと計算される場合、返済能力がない会社と見られ、審査に不利となることがあります。

とはいえ、返済は、過去のキャッシュフローではなく**将来のキャッシュフローを返済財源として行うもの**です。将来、キャッシュフローを増やすために経営改善に取り組み、利益を上げていくことを経営計画書で示すことで、現在は返済をまかなえるほどのキャッシュフローがない会社でも審査を有利にすることができます。

銀行員が「経営計画書を出してください」と要求してくるのは、担当の銀行員が融資の審査を通すために、経営計画書により将来、キャッシュフロー内で返済できる会社になることを示そうという意図があります。

経営計画書では、今後どのようにして利益を増やしていくかを示します。

今後3～5年、毎期、損益計算書がどのように推移していくか「**年次損益計画**」を書き、また、計画を達成するためにどのような行動をとっていくのか「**行動計画**」を書きます。

この2つがあれば経営計画書の形は整います。

余裕があれば、今後1～2年、月次の損益計算書がどのように推移していくかを書いた「**月次損益計画**」や、今後3～5年、毎期どのように貸借対照表が推移していくかを書いた「**年次貸借対照表計画**」も用意すると、より充実した経営計画書になることでしょう（なお、「経営計画書」のひな型はこちらのサイト https://sikinguri.info/download/ からダウンロードできます）。

経営計画書は、融資審査のために作成するというよりは、企業がこれから経営をどのように行い、どのように売上・利益を上げていくのか、計画を立てるために作成するというのが本来あるべき姿です。

銀行から言われなくても、ふだんから経営計画書を作成し、その計画が実行できているかを定期的に振り返り、経営に生かしたいものです（なお、84～85ページに「行動計画」および「年次損益計画」の例を掲げておきます）。

《ポイント》**融資の審査のなかで銀行員が〈経営計画書〉を要求してくるのは、将来、利益を増やして返済能力を高めるために企業が今後どのように取り組むつもりなのかを“見える化”するため。経営計画書の提出で審査は有利になる。**

行動計画

大項目	小項目	施策	責任者	2022年3月期	2023年3月期	2024年3月期	2025年3月期	2026年3月期
1.売上・営業面	新規顧客増加をねらいとした営業体制増強	営業人員を年2名増加し、顧客数を増加させていく。	社長	営業人員20名	営業人員22名	営業人員24名	営業人員26名	営業人員28名
	既存顧客の取引増強	取引先ごと売上・粗利予算を設定し、毎月予実管理を行う。	取締役○○	取引先ごと予算作成(2021年4月)予実管理(2021年5月～)	毎月予実管理の継続	毎月予実管理の継続	毎月予実管理の継続	毎月予実管理の継続
	重点顧客1・○○○への売上増加	○○○を社長直轄管理とし、売上を増加させる。(過去月次最大売上50百万円)	社長	年売上300百万円	年売上450百万円	年売上600百万円	年売上600百万円	年売上600百万円
	重点顧客2・△△△への売上増加	△△△を社長直轄管理とし、売上を増加させる。(過去月次最大売上80百万円)	社長	年売上300百万円	年売上600百万円	年売上900百万円	年売上900百万円	年売上900百万円
	東京事務所の売上増加	日本最大マーケットである東京の売上を増加させる。	東京支店長○○	年売上400百万円	年売上500百万円	年売上600百万円	年売上700百万円	年売上800百万円
	売上分析体制の構築	取引先別・部門別・商品別(制作・他)の月次売上をリアルタイムで把握できるようにし、月次の予実管理への詳細な資料を提供する。	取締役○○	2021年6月までに体制構築	毎月当資料作成	毎月当資料作成	毎月当資料作成	毎月当資料作成
2.原価・粗利益	制作納品日厳格化・社内利益把握体制構築による制作部門生産性向上	締切が決まっていないことが多かった制作の締切(納品日)を決め厳格化し、案件ごとの社内利益表を毎回作成し社内利益を意識して生産性を向上させる。	取締役○○	2021年3月～5月テスト運用、6月本格稼働。	毎月当資料作成	毎月当資料作成	毎月当資料作成	毎月当資料作成
	制作受注の増加	媒体販売時に制作を提案し、セットでの受注数を増加させる。数値は粗利予算で管理。	取締役○○	取引先ごと予算作成(2021年4月)予実管理(2021年5月～)	毎月予実管理の継続	毎月予実管理の継続	毎月予実管理の継続	毎月予実管理の継続
	広告代理店からの受注	制作部門を持たない広告代理店に営業を行い、制作の仕事を受注する。	取締役○○	取引先ごと予算作成(2021年4月)予実管理(2021年5月～)	毎月予実管理の継続	毎月予実管理の継続	毎月予実管理の継続	毎月予実管理の継続
3.販管費・営業利益	経費予算作成・毎月の予実管理	冗費を使わないよう、経営計画を元に月次経費予算を作成し、毎月予実管理する。	社長	2021年4月より予実管理開始	毎月予実管理の継続	毎月予実管理の継続	毎月予実管理の継続	毎月予実管理の継続
4.資産・負債・キャッシュフロー	資金繰り表の作成	資金繰り表を毎月作成し、資金繰り計画に基づき早めに行動する。また現金保有残高を最低でも月商1ヶ月分保有し資金繰りを安定化させる。	経理部長○○	毎月資金繰り表作成の継続	毎月資金繰り表作成の継続	毎月資金繰り表作成の継続	毎月資金繰り表作成の継続	毎月資金繰り表作成の継続
	関連会社●●●の継続見極め	不振である関連会社●●●の継続を見極める	社長	2022年3月までに見極め				

年次損益計画

勘定科目	2021年3月期	2022年3月期	2023年3月期	2024年3月期	2025年3月期	2026年3月期
		1年目	2年目	3年目	4年目	5年目
	実績	計画	計画	計画	計画	計画
[売上高]						
売上高	350,291,881	360,000,000	365,000,000	370,000,000	375,000,000	380,000,000
[売上原価]						
仕入高	209,778,173	216,000,000	217,175,000	218,300,000	219,375,000	220,400,000
売上原価	209,778,173	216,000,000	217,175,000	218,300,000	219,375,000	220,400,000
売上総利益	140,513,708	144,000,000	147,825,000	151,700,000	155,625,000	159,600,000
[販売費及び一般管理費]						
役員報酬	13,890,000	7,200,000	7,200,000	9,600,000	9,600,000	9,600,000
給料手当	92,810,381	86,000,000	81,000,000	81,000,000	81,000,000	81,000,000
法定福利費	12,920,338	11,400,000	11,000,000	11,000,000	11,000,000	11,000,000
福利厚生費	3,817,113	2,850,000	2,500,000	2,500,000	2,500,000	2,500,000
業務委託費	2,593,021	2,400,000	2,500,000	2,500,000	2,500,000	2,500,000
広告宣伝費	2,938,471	2,400,000	2,400,000	2,400,000	2,400,000	2,400,000
接待交際費	1,296,862	1,200,000	1,200,000	1,200,000	1,200,000	1,200,000
旅費交通費	1,022,234	1,200,000	1,200,000	1,200,000	1,200,000	1,200,000
通信費	1,752,278	1,800,000	1,800,000	1,800,000	1,800,000	1,800,000
消耗品費	897,382	900,000	900,000	900,000	900,000	900,000
事務用品費	1,368,912	1,200,000	1,200,000	1,200,000	1,200,000	1,200,000
修繕費	1,187,164	1,200,000	1,200,000	1,200,000	1,200,000	1,200,000
水道光熱費	1,471,275	1,200,000	1,200,000	1,200,000	1,200,000	1,200,000
支払手数料	548,191	300,000	300,000	300,000	300,000	300,000
車両費	3,181,176	3,000,000	3,000,000	3,000,000	3,000,000	3,000,000
地代家賃	5,849,100	5,550,000	5,550,000	5,550,000	5,550,000	5,550,000
リース料	892,111	900,000	900,000	900,000	900,000	900,000
保険料	1,874,511	1,800,000	1,800,000	1,800,000	1,800,000	1,800,000
租税公課	583,495	600,000	600,000	600,000	600,000	600,000
支払報酬料	2,179,874	2,400,000	2,400,000	2,400,000	2,400,000	2,400,000
減価償却費	2,819,371	1,800,000	1,800,000	1,800,000	1,800,000	1,800,000
雑費	48,841	120,000	120,000	120,000	120,000	120,000
販売費及び一般管理費	155,942,099	137,220,000	131,770,000	134,170,000	134,170,000	134,170,000
営業利益	−15,428,391	6,780,000	16,055,000	17,530,000	21,455,000	25,430,000
[営業外収益]		0				
受取利息	4,085	0	0	0	0	0
雑収入	2,719,301	2,400,000	2,400,000	2,400,000	2,400,000	2,400,000
営業外収益合計	2,723,386	2,400,000	2,400,000	2,400,000	2,400,000	2,400,000
[営業外費用]		0				
支払利息	1,783,911	1,800,000	1,800,000	1,800,000	1,800,000	1,800,000
雑損失	80,000	0	0	0	0	0
営業外費用合計	1,863,911	1,800,000	1,800,000	1,800,000	1,800,000	1,800,000
経常利益	−14,568,916	7,380,000	16,655,000	18,130,000	22,055,000	26,030,000
[特別利益]						
特別利益合計	1,574,125	0	0	0	0	0
[特別損失]						
特別損失合計	108,669	0	0	0	0	0
税引前当期純利益	−13,103,460	7,380,000	16,655,000	18,130,000	22,055,000	26,030,000
法人税等	70,000	70,000	3,177,281	6,345,500	7,719,250	9,110,500
当期純利益	−13,173,460	7,310,000	13,477,719	11,784,500	14,335,750	16,919,500

028

「今期の見通しを教えてください」

融資の審査にあたって「今期の見通し」は銀行員からよく聞かれることの一つです。今期の見通しとは、今期の決算でどのような損益計算書となるか、ということです。前項のように、銀行から経営計画書を要求されることがありますが、経営計画書の作成までは要求されなくても、その代わりに今期の見通しを聞かれることもよくあります。経営計画書のなかの年次損益計画を〈今期1期分のみ〉とすれば「今期の見通し」となります。

今期の見通しは、今期の損益計算書がどのような数値となるか、予測を記載すればよいだけです。あわせて前期の損益計算書の数値も記載しておくと、銀行としてはありがたいものです（なお、91ページに「今期の見通し」の例を掲げておきます。また、そのひな型はこちらのサイトページからダウンロードできます。https://sikinguri.info/download/）。

今期の見通しを作成するには次の方法があります。

①今期、今までの試算表の数値を12カ月換算する。

例えば、売上高が今期の試算表を見ると、3カ月で4000万円であった場合。今期の売上高の予測は4000万円×（12カ月÷3カ月）＝1億6000万円とします。他の勘定科目も同じように計算、予測します。

②前期の損益計算書の数値から今期の見通しを予測する。

例えば、売上高が前期は1億5000万円だったとします。今期は20％増加する見込みであれば1億5000万円×120％＝1億8000万円と予測します。他の勘定科目も前期の数値を見て今期の数値を予測します。

③今期、残りの月の数値を月ごとに予測し足しあわせる。

例えば、売上高が試算表では8カ月経過し、1億1000万円であったとします。

また、残り4カ月の売上高はそれぞれの月で1300万円、1800万円、1500万円、1600万円と予測しました。全部足しあわせ12カ月で1億7200万円を今期の売上高の予測とします。他の勘定科目も同様に、残りの月ごとの数値を予測し足しあわせます。

このなかで予測の精度が最も高いのは③の方法です。

なお、今期の見通しを銀行員に提出するとき、**前期の数値から変化が大きい勘定科目**は、その理由もあわせて記載しておくとよいでしょう。次がその例です。

- 「今期は前期に比べ、売上高は20%、3000万円増加し、1億8000万円となる見込みです。商品Aの売上高が前期3000万円だったのが、販売好調で5000万円に増加する見込みであるのが大きいです」
- 「前期赤字だったので2名の人員削減を行い、給料手当は前期6000万円だったのが、今期は5000万円に減少する見込みです」

銀行員は融資の審査を行うにあたり稟議書を作成するとき、そのなかに今期の損益計算書がどうなるか見込みの数値を書くものです。そのために企業に今期の見通しを聞くのです。

なお、今期は前期より売上や利益が減少する見込みなら、審査で不利に影響します。その影響を抑えるために、売上や利益が減少する理由と今後の改善策もあわせて記載したいところです。

《ポイント》 **銀行員が〈今期の見通し〉を聞くのは、稟議書に書く必要があるため。今期が業績悪化する見通しなら、その理由と改善策もあわせて記載する。**

029

「借入金一覧表をください」「他行の返済予定表をください」

銀行は他行（他の銀行）でどのような融資を受けているか調べます。融資の審査では、稟議書に借入金一覧表を添付するのです。

企業で借入金一覧表を作っていれば提出してもらいますし、もし作っていなければ他行の融資の返済予定表を提出してもらい、銀行内で借入金一覧表を作ります（なお、90ページ上に企業が銀行に提出する「借入金一覧表」を、その下に銀行内で作成している「借入金推移表」の例を掲げておきます。また、前者のひな型はこちらのサイト https://sikinguri.info/download/ からダウンロードできます）。

銀行内では、直近の借入金一覧表だけでなく、過去数年分を時系列で並べた借入金推移表を作っています。新たに融資を申し込まれたときに企業から借入金一覧表を提出してもらったり、ふだんから定期的に（3カ月ごとなど）借入金一覧表を提出してもらったりし、銀行内で借入金推移表に記録します。

なぜ銀行は時系列で銀行ごとの借入金の推移を把握するのでしょうか。銀行ごとの融資残高や融資シェアの推移を見えるようにして、他行の動きをチェックするためです。他行も新規の融資を定期的に行っているか、融資回収の動きをしていないか、チェックするのです。

○メインバンクは借入金推移表をどのように見るか

その会社の業績や財務内容が悪くなり、他行が警戒して新規の融資を出さなくなれば、メインバンクにしわ寄せが行きます。メインバンクはその会社の資金繰りを維持するために、より多くの融資を出さなければならなくなり、融資量の増加によってメインバンクのリスク（将来、融資の返済ができなくなることで多くの貸し倒れを出してしまうリスク）が高くなってしまいます。

逆に、その会社が優良な会社であれば、他行が積極的に融資を行うことでメインバンクの地位をおびやかそうとしているのでは、とメインバンクは警戒します。このように他行の動きを時系列で見ることで、メインバンクとしてはどのような方針をとるか検討しています。

○メインバンク以外の銀行は借入金推移表をどのように見るか

メインバンクではない銀行、つまり融資シェアが二番手以下の銀行は、特にメインバンクの動きを気にします。メインバンクが新規融資を止めて回収に動いているような状況ならば、自分の銀行が融資を行うことは高リスクです。メインバンクが融資を止めて回収に動いたら、その会社はもう長く持ちません。メインバンクが融資を出さなくなれば、他の銀行でも融資が出なくなる背景には、このようなことがあります。

逆に、その会社の業績や財務内容が良く、自分の銀行としては融資シェアを高めていきたい場合は、融資を積極的に行うことで実際にシェアが高まっているのか、他の銀行はどのような動きをしているのかを見ます。

企業としては、過去に比べて融資残高の減少が大きい銀行があり、減少の理由が明確であれば、それを銀行に説明したほうがよいでしょう。説明の例は次のとおりです。

例①「預金に余裕があり、弊社にとって重要度の低い○○銀行の融資を一括返済した」（弊社にとっては貴行が重要なのだと言外に伝えている）

例②「○○銀行で融資残高が○年○月に多かったのは、スポットで大きな受注があり、一時的に運転資金を大きく確保する必要があったためであり、その事情は解消したため一括返済した」（例外的な措置だと伝えている）

《ポイント》 **銀行は〈借入金一覧表〉を定期的に要求し、銀行内で〈借入金推移表〉を作っている。それにより銀行は常に他行の動きをチェックしている。**

借入金一覧表(2021年8月末日現在)

銀行名	種類	保証有無	残高	月返済額	当初金額	融資実行月	最終返済月
A信用金庫	証書貸付		7,572,000	239,000	20,000,000	2016年3月	2023年3月
A信用金庫	証書貸付		14,200,000	200,000	24,000,000	2016年6月	2026年6月
A信用金庫	証書貸付	○○市信用保証協会保証付	46,000,000	500,000	60,000,000	2018年4月	2028年3月
B銀行	証書貸付	○○県信用保証協会保証付	14,460,000	180,000	15,000,000	2020年5月	2027年5月
C銀行	当座貸越		6,216,000	0	10,000,000	2021年7月	2022年7月
D信用金庫	手形貸付		10,000,000	0	10,000,000	2021年5月	2021年11月
日本政策金融公庫	証書貸付		5,875,000	125,000	10,000,000	2017年11月	2024年8月
合計			104,323,000	1,244,000			

株式会社○○ 借入金推移表

		2020年9月	2020年12月	2021年3月	2021年6月
当行	借入金	55,945,000	51,475,000	47,685,000	55,015,000
	長期	55,945,000	51,475,000	47,685,000	55,015,000
	短期				
	手形割引				
	シェア	77.5%	48.4%	47.9%	47.9%
A銀行	借入金	876,991	29,829,740	27,480,583	26,875,941
	長期		26,000,000	24,500,000	23,000,000
	短期				
	手形割引	876,991	3,829,740	2,980,583	3,875,941
	シェア	1.2%	28.0%	27.6%	23.4%
B銀行	借入金	15,332,000	25,154,000	24,350,000	23,685,000
	長期	11,332,000	16,154,000	15,350,000	14,685,000
	短期	4,000,000	9,000,000	9,000,000	9,000,000
	手形割引				
	シェア	21.2%	23.6%	24.5%	20.6%
C信用金庫	借入金				9,332,000
	長期				9,332,000
	短期				
	手形割引				
	シェア	0.0%	0.0%	0.0%	8.1%
合計	借入金	72,153,991	106,458,740	99,515,583	114,907,941
	長期	67,277,000	93,629,000	87,535,000	102,032,000
	短期	4,000,000	9,000,000	9,000,000	9,000,000
	手形割引	876,991	3,829,740	2,980,583	3,875,941

今期の見通し

勘定科目	2021年3月期	2022年3月期
	実績	見込
[売上高]		
売上高	350,291,881	360,000,000
[売上原価]		
仕入高	209,778,173	216,000,000
売上原価	209,778,173	216,000,000
売上総利益	140,513,708	144,000,000
[販売費及び一般管理費]		
役員報酬	13,890,000	7,200,000
給料手当	92,810,381	86,000,000
法定福利費	12,920,338	11,400,000
福利厚生費	3,817,113	2,850,000
業務委託費	2,593,021	2,400,000
広告宣伝費	2,938,471	2,400,000
接待交際費	1,296,862	1,200,000
旅費交通費	1,022,234	1,200,000
通信費	1,752,278	1,800,000
消耗品費	897,382	900,000
事務用品費	1,368,912	1,200,000
修繕費	1,187,164	1,200,000
水道光熱費	1,471,275	1,200,000
支払手数料	548,191	300,000
車両費	3,181,176	3,000,000
地代家賃	5,849,100	5,550,000
リース料	892,111	900,000
保険料	1,874,511	1,800,000
租税公課	583,495	600,000
支払報酬料	2,179,874	2,400,000
減価償却費	2,819,371	1,800,000
雑費	48,841	120,000
販売費及び一般管理費	155,942,099	137,220,000
営業利益	−15,428,391	6,780,000
[営業外収益]		
受取利息	4,085	0
雑収入	2,719,301	2,400,000
営業外収益合計	2,723,386	2,400,000
[営業外費用]		
支払利息	1,783,911	1,800,000
雑損失	80,000	0
営業外費用合計	1,863,911	1,800,000
経常利益	−14,568,916	7,380,000
[特別利益]		
特別利益合計	1,574,125	0
[特別損失]		
特別損失合計	108,669	0
税引前当期純利益	−13,103,460	7,380,000
法人税等	70,000	70,000
当期純利益	−13,173,460	7,310,000

030

「預金通帳を見せてください」「総勘定元帳を見せてください」

日本政策金融公庫（以下「日本公庫」と略記する）で融資を申し込むと、審査にあたり「預金通帳を見せてください」と要求されることが多いものです。また、ときには「総勘定元帳（そうかんじょうもとちょう）*1を見せてください」とも要求されます。

*1…全取引を日付順に記録する「仕訳帳（しわけちょう）」とは異なり、全取引を勘定科目ごとに記載する会計帳簿のこと。たんに「元帳」とも言う。仕訳帳とともに税法上、一定期間の保存が義務づけられている。

民間の銀行では預金通帳や総勘定元帳を見せてくださいと言われることはほとんどないので、これらを要求してくるのは日本公庫の特徴です。

○預金通帳ではどこを見るか

日本公庫に見せなければならない預金通帳とは、日本公庫から特に指定がないかぎり、取引上よく使用されているもので、**会社が持っているすべての預金通帳ではありません。**

また、あわせて法人代表者の預金通帳も見せるよう要求されることも多く、こちらも個人の生活でよく使用されているものです。

法人、代表者、いずれの通帳も、6～12カ月分のそれらを見せるように要求されます。

日本公庫の職員は預金通帳を、次の観点からチェックします。

- 銀行への融資返済の延滞はあるか？ 返済を減額・猶予（ゆうよ）していないか？
- 企業が示すとおりの売上入金はあるか？

- 社会保険料の支払いに遅れがないか？
- ノンバンク（銀行以外の金融機関のこと）を使っていないか？

これらに疑念があれば、日本公庫での融資審査は大きく不利になってしまいます。

○総勘定元帳ではどこを見るか

総勘定元帳とは勘定科目ごとにすべての取引を記載した会計帳簿のことであり、その取引が集計されて決算書や試算表が作成されます。総勘定元帳は会計ソフトから取り出すことができます。

日本公庫ではときどき、融資を申し込んだ企業に総勘定元帳を見せるよう要求します。企業が粉飾決算を行っている場合、外部の人が決算書を見ても粉飾を行っているかどうかはなかなか分かりません。そこで、日本公庫の職員が粉飾の可能性がある決算書と見れば、総勘定元帳を要求し、粉飾していないか調査します。粉飾していることが見つかれば、新たな融資は困難となります。

日本公庫に融資を申し込んだとき、預金通帳を見せるよう要求されることは多く、日本公庫から特にあやしまれているわけではありません。しかし、総勘定元帳を要求されるケースでは、粉飾の疑いがあると見られているものです。ただ、粉飾していなければ総勘定元帳を堂々と見せられるはずです。問題なければ、融資に近づきます。

《ポイント》 **預金通帳、総勘定元帳、どちらも内容に問題なければ融資審査で支障となることはない。問題となる行為をしないようにしよう。**

031

「社長個人の資産を教えてください」

融資の審査にあたり「社長個人の資産を教えてもらいたい」と銀行から言われることがあります。

銀行の融資では代表者が連帯保証人となることが多いです。連帯保証人としてどれだけ保証能力があるかを見るために個人の資産を聞かれます。**なぜ銀行は代表者を連帯保証人とするのか**、次の3つの理由があります。

1. 社長への規律づけ

銀行へ融資の返済ができなくなっても社長が個人資産を失うことがないのであれば、銀行への返済ができなくなってもかまわないと考える社長が出てきてしまいます。役員報酬を高額に設定するなどして、〈まだ返済できるうちに会社の資産を個人に移しておこう〉と考える社長もいるかもしれません。このようなモラルハザードが起こるのを防ぐために銀行は社長に連帯保証人となってもらいます。

2. 融資を受ける会社の信用力の補完

将来、融資の返済ができなくなった場合、社長個人に資産が多くあれば、連帯保証人として個人資産から返済してもらうことが期待できます。

3. 会社の財務諸表の信頼性担保

銀行が融資の審査を行うなかで決算書の内容は重要です。なかには審査を通りやすくするために粉飾決算を行い、業績や財務内容を良く見せている会社もあります。

銀行は粉飾決算を見破ることはなかなかできません。決算書が粉飾ではない正しいものであるとの責任を持たせるため、銀行は社長に連帯保証人となってもらいます。

社長が連帯保証人になるとは言っても、もし会社が融資を返済できなくなったとき、社長は自分の資産をすでに会社につぎ込んでいることが多いものです。そのため、会社が返済できなくなったときに社長個人の資産で返済されることは、あまり期待できません。

このような理由から、社長個人の資産が多い場合でも、審査が少しは有利となっても大きく有利になるわけではありません。

それでも銀行は〈連帯保証人として社長の個人資産を把握しておきたい〉と考えます。そのため、銀行は「社長個人の資産を教えてほしい」と言ってくるのです。

もし個人資産がほとんどないとしても、前述のように社長への規律づけ、会社の財務諸表の信頼性担保の理由から連帯保証人となってもらいたいという理由が主なので、資産の多寡（たか）に関係なく連帯保証人となってもらいますし、個人資産がほとんどないことだけを理由として融資審査が通らないことはまれです。

《ポイント》**銀行が社長の個人資産を聞くのは、連帯保証人としての保証能力を見たいため。ただ、個人資産がほとんどないとしても、それだけの理由で融資審査が通らないことにはならない。**

032

「社長個人で借入金はありますか？」

銀行が社長個人の借入金を聞いてくる場合、3つのねらいがあります。

1．連帯保証人として保証能力がどれだけあるかを見る

前述したとおり、銀行が融資を行うにあたり社長に連帯保証人となってもらうことは多いものです。融資を受けた会社が将来、返済できなくなったときに、連帯保証人は代わりに返済しなければなりません。しかし、連帯保証人に資産がなければ返済はできません。そこで、連帯保証人に対し、銀行は「どれだけ個人の資産を持っているか」を聞いてきます。

ただし、連帯保証人がいくら資産を持っていたとしても、一方で個人での借入金も多くあれば、資産から負債を引いたら手元に資金は残らなくなります。連帯保証人に個人の資産だけでなく借入金も聞くことで、銀行は連帯保証人の支払能力がどれだけあるかを見るのです。

2．消費者金融やノンバンクのカードローンなど高金利の借入がないか見る

社長が収入に見合った生活をしていれば、消費者金融やノンバンクのカードローンなど高金利の借入は必要ないはずです。銀行から住宅ローンや車のローンを借りているぐらいであれば、生活に必要な資金として問題ありませんが、社長が個人で高金利の借入に手を出している場合は問題ありです。社長に経済観念がなく、収入以上に生活費や娯楽費に使ってしまっていたり、会社の運転資金にあてるために会社が銀行から借り入れるだけでなく社長個人で高金利の借入をして会社につぎ込んでいたりするものです。

高金利の借入に手を出すほど資金繰りが逼迫（ひっぱく）している社長であれば、その会社に融資を行うことは銀行の貸し倒れリスクが高まることとなるため、融資の審査は厳しくなります。また、会社に出した融資が社長個人の高金利借入の返済にあてられてしまうのではないかとも銀行は考えます。

3. 社長が銀行にウソをつく人かどうかを見る

銀行は個人信用情報機関に加盟しているため、社長にどこでいくらの借入金があるか、社長に聞かないでも調べることができます。しかし、社長としては個人の借入金をなるべく銀行に知られたくないものです。社長が銀行にウソをついて借入金を過小に伝えた場合、銀行は個人信用情報機関で実際の借入金を調べられますので、その社長は〈銀行にウソをつく人〉として銀行からの信用を失うこととなります。

銀行が社長個人の借入金を聞いてくるこれら3つのねらいのなかで、融資審査に特に影響が出るのは「3番」です。社長個人で高金利の借入があるのであれば、銀行にきちんと伝え、融資を申し込むにあたり解消することを約束し、できれば審査が行われる前に解消したいところです。

《ポイント》 **銀行から社長個人の借入金を聞かれてウソをついても、見破られて信用を失ってしまう。高金利の借入があるのであれば正直に伝え、すぐに解消すべき。**

033
「後継者はいますか?」

社長が60歳以上の場合、銀行員から「後継者はいますか?」と聞かれることが多くなります。社長が高齢になると、後継者がいるかどうかは融資の審査で大きく影響が出ます。

◯後継者がいないと融資審査は厳しくなる

社長がずっと健康で経営を続けられればよいのですが、高齢になると万が一のことが起こりやすくなりますし、何も起こらなくても体力や気力が徐々に衰えてくるものです。社長に万が一のことがあったり仕事ができなくなったりしたとき、その後の会社がどのように経営されるのか、銀行は気になるものです。

社長に万が一のことがあったとき、もしくは引退したとき、銀行からの融資が残っていたとしましょう。それでも後継者がいれば会社は存続しますので、銀行は後継者に引き続き返済してもらえます。しかし、後継者がいなければ会社をたたまざるをえず、会社にある資産で負債を全額返済できなければ、銀行は融資を回収できず貸し倒れとなってしまいます。

このような理由から、後継者がいない会社では社長が高齢になると、融資の審査が厳しくなります。後継者がいるのであれば、その存在を銀行に伝え、今の社長と後継者がどのような関係か、いつごろ後を継ぐ予定なのか、後継者への教育はどのように行っているかを伝えます。そうすると、銀行は安心し、その後も新たな融資を行いやすくなることでしょう。

また、銀行員に後継者を会わせておくと、銀行員としては後継者がどのような人物かが分かり、なおよいです。

○多額の借入金があり、業績も悪い場合

一方で、自分の会社は後継者に本当に継がせてもよいものか、じっくり考える必要もあります。資産を大きく上回る負債があり、業績も悪く将来性がないような会社であれば、後を継いでくれる後継者を苦しめることになりかねません。

親から頼まれ後を継いだ子が、継いだときにはすでに会社に多額の借入金があり事業は赤字続き。数年後に会社は倒産、借入金の連帯保証人となっていた後継者も破産者となってしまった……。このようなケースは多くあります。

後継者を苦しめてしまうのであれば、後を継がせず、今の社長が仕事できなくなれば会社をたたむという判断もありです。会社をたたむにあたり借入金を完済できないのであれば、社長は連帯保証人として預金や自宅などの資産を失うこともあります。その後の住まいをどうするか、年金などどのように収入を確保するのか検討しながら、とるべき方向を考えるようにしてください。

《ポイント》 **社長が高齢になると、後継者の存在の有無が融資の審査に影響を与える。一方で、社長は〈自分の会社を本当に後継者に継がせてよいか〉についても、しっかり考えるようにしたい。**

034

「債権譲渡登記がついていますが、これは何ですか?」

銀行員が「御社の商業登記簿に債権譲渡登記がついていますが、これは何ですか?」と聞いてきた。銀行員からこのように聞かれる会社が最近、増えています。**債権譲渡登記**とは、企業が売掛先に対する売掛債権など金銭債権を譲渡したときに、債務者(売掛先など)以外の第三者に対する対抗要件を備えるための制度です(例えば、A社がB社に対し売掛金があり、その売掛金をC社に譲渡したとします。この譲渡は当事者であるA社とC社との間で効力がありますが、それを当事者でない第三者に対しても効力を有するようにするために、A社の商業登記に債権譲渡登記をつけるのです)。

売掛金を債権譲渡したり担保に入れたりして資金調達を行う会社が増えています。その方法にはファクタリング[*1]と売掛債権担保融資[*2](以下、両者をまとめていうときは「ファクタリング等」と略記)があります。

*1 **ファクタリング**……売掛金をファクタリング会社に売却して資金調達すること
(例) 本日は11月5日で、すぐに300万円支払わなければならない買掛先があるが、手元に現金がなく300万円資金調達したい場合に、一方で11月30日に500万円入金となる売掛金があったとします。この500万円の売掛金をファクタリング会社に買い取ってもらい現金を手にします。ファクタリング会社は、売掛金を買い取った、つまり売掛金という債権の譲渡を受けたことを、ファクタリングで資金調達した会社の商業登記に登記します。

*2 **売掛債権担保融資**……売掛金を担保に入れて受ける融資
(例) 継続的な売上先20社に対して常に5000万円以上の売掛金が毎月存在しているとします。それを売掛金の束と考え、それを担保に2000万円の融資を金融会社から受けます。返済期間は3年、毎月分割返済とします。金融会社へ売掛金を担保に入れたことを、売掛金を譲渡したこととして、融資を受けた会社の商業登記に登記します。

ファクタリングは売掛金の買取りですが、売掛債権担保融資は売掛金を担保にした融資という違いがあります。

ファクタリング等は銀行から融資を受けづらくなっている会社がとる資金調達手段であり、そのような会社は資金繰りが苦しくなっているものです。ファクタリング等で企業が支払う利息や手数料は銀行から融資を受ける場合よりも高額です。ファクタリング等で資金調達していることが銀行に分かってしまったら、銀行での新たな融資の審査は通りにくくなります。

最近、銀行が融資先企業の商業登記簿を独自に調査し、債権譲渡登記の有無を調べるケースが増えています。企業がファクタリング等で資金調達していても、自主的に銀行に言うことはなかなかありません。そこで銀行が独自に調査するのです。債権譲渡登記がついている会社はファクタリング等で資金調達している可能性が高いとして、銀行員は社長に「債権譲渡登記がついていますが、これは何ですか?」と聞くわけです。

実際にファクタリング等で資金調達していたら、正直に答えるしかありません。そのうえでファクタリング等を早く解消し、債権譲渡登記を抹消しなければ、新たに銀行から融資を受けるのは難しいでしょう。

なお、債権譲渡登記がついていても次の2つは例外です。事情を説明すれば銀行は分かってくれることが多いので、しっかり説明してください。

- 銀行や銀行の関係会社で、ファクタリングや売掛債権担保融資を行っている場合
- 仕入先などの取引先から、取引を続ける保証金代わりとして、売掛金を担保にするために債権譲渡登記をつけられている場合

《ポイント》 **銀行が債権譲渡登記の有無を独自に調査することが多くなっている。債権譲渡登記がついていて、その理由がファクタリングや売掛債権担保融資で資金調達するためであった場合、銀行での新たな融資の審査は厳しくなる。**

column 銀行員の日常のひとこま③

本部の検査におびえる支店の銀行員

支店の銀行員がおびえることの一つに「検査」があります。

銀行の本部には検査部があり、年に1回程度、支店へ検査に入ります。

朝、銀行員が支店に出社すると検査部の人たちが数人、通用口の前に立って待ち構えています。支店の行員が通用口の鍵を開けると検査部は一斉に支店のなかに乗り込み、金庫や机の引き出しの鍵を開けさせて、そのなかをチェックします。支店の銀行員が検査部に見つけられたくないモノを隠されないよう、検査部の指示があるまでは鍵を開けないよう言われます。出社してきた銀行員の通勤バッグの中身をチェックすることもあります。

現金や通帳、融資など各種申込書、契約書などは決められたところに保管していないといけません。机の上や引き出しのなか、通勤バッグや営業係の持ち歩くバッグからそれらが出てきたら大変です。検査では点数がつけられますが、大きく減点され、場合によっては検査が即中止となることもあります。管理が不十分として支店長などの人事評価は悪くなります。

また、重要なモノの保管場所だけでなく、保管の際の帳簿の記録や、融資などの各種申込書、契約書が正しく記載されているかなど、検査項目は多岐に渡ります。このような検査が2～3日程度行われます。

検査部がいつ自分の支店を検査するかは事前に分かりません。支店の銀行員は緊張感を持って書類などを管理しているのです。

第4章

銀行員が決算書を見て、こう言ってきた

035

「現金は本当にあるのですか?」

◯金庫のなかにあるはずのお金

決算書のなかの貸借対照表を見て、銀行員が「現金は本当にあるのですか?」と言ってきた――この場合、〈**現金勘定**が不自然に多い〉と見られています。

現金勘定に記載されている金額は、**決算日に企業が保有する現金**であるはずです。会社の事務所に金庫やキャッシュボックスがあり、そこに入っている現金と金額が合えば、なんの問題ありません。

例えば、貸借対照表を見ると、現金勘定が500万円であった場合を考えてみます。

問題は、決算日に金庫のなかに本当に500万円あったのかどうかですが、それだけの現金が金庫のなかに入っているというのは、常識的には考えづらいものです。金庫のなかに500万円ある姿を想像してみてください。買取業など一部の業種を除き、そんなに多額の金銭をなぜ現金のままで保管しておく必要があるのでしょうか。

◯会社の現金はどのように管理すべきか

そもそも、会社の現金はどのように管理すべきか。かなり基本的ですが大事なことなので、簡単にまとめておきます。

まず、会社の現金は事務所の金庫のなかに保管し、現金の出し入れを現金出納帳(すいとうちょう)で記録し、金庫のなかの現金残高と現金出納帳の現金残高を常に一致させます。

そして、ここからがとても大事ですが、会社名義のキャッシュカードは、ふだんは決して持ち歩かず、金庫に保管し、現金を補充する場合にのみ、キャッシュカードを持ち出してATMで現金を引き出し、その現金はキャッシュカードといっしょにすぐに金庫に入れ、現金出納帳で入金の記録をつけます。こうすることで、金庫の現金と出納帳の金額にギャップが生まれることはなくなります。

また、外出先で会社の経費を現金で支払う場合は、**仮払い**（かりばらい）でいったん現金を金庫から出し、支払った後すぐに仮払精算するか、もしくは支払う人が会社の経費を個人でいったん立て替え、後日に経費精算するようにします。

○現金勘定が多くなっている会社でよく起こっていること

現金を金庫のなかで保管せず、現金出納帳もつけていない——このような会社は現金管理がずさんになります。

「外出先で会社の経費を現金で支払うから」と、社長が会社名義のキャッシュカードを持ち歩いて現金をATMで引き出し、自分の財布に入れると、どうなるでしょうか。

〈会社の現金〉と〈社長個人の現金〉は混ざってしまいます。たとえ社長の気持ちのうえでは、その現金に公私の区別があったとしても、いつのまにかうやむやになってしまいます。

いまは財布のなかに現金がなくてもクレジットカードなどで決済できる時代ですが、それでも財布に現金があれば、不思議と気持ちが大きくなるのが人間です。

その結果、会社の現金が個人の生活費や娯楽費（以下「生活費等」）に回ってしまうことも起こります。

もう一度あえて強調しておくと、社長は会社のキャッシュカードを持ち歩いてはなりません。

例えば、社長の毎月の役員報酬が50万円で、手取りが38万円の場合、従業員の給料日にあわせて社長へも手取り38万円を渡すようにします。それ以外のときに現金を社長へ移動させることがあってはなりません。社長が会社の経費を現金で支払う場合は、社長個人でいったん立て替え、後日に経費精算すればよいのです。

○社長がATMで引き出した現金の扱い

社長がATMで現金を引き出すと、仕訳では〈現金勘定の増加〉となります。本来あってはならないことですが、引き出した現金は、往々にして会社の経費以外に社長個人の生活費等にも多く使われてしまいます。もちろん生活費等は会社の経費とはならないため、現金勘定は経費に振り替えられずそのまま残り、この繰り返しで現金勘定が増えていってしまいます。

前述の例で言えば、手取り38万円のなかで社長は生活すべきで、それ以上を使おうとするから社長個人の財布に現金が足りなくなるのです。そして、本来あってはならない、帳簿に反映させないままの〈私金〉として秘密裏(り)に会社の大事な現金をATMで引き出してしまうのです。これが、現金勘定が多くなっている会社でよく起こっていることです。

○現金勘定の実態がないとどうなるか

先ほどの例にもどると、貸借対照表では現金500万円と記載があるものの、それを〈実際はないもの〉と銀行が見た場合、その500万円は資産価値がないとして差し引いて見られます。このとき、貸借対照表を見ると、純資産が300万円ある会社であれば、500万円を引くと純資産は△(マイナス)200万円となります。

純資産がマイナスの会社は**債務超過**と言われますが、表面上は純資産がプラスでも、この例のように〈資産価値のないもの〉を引くと債務超過となる会社は、**実質債務超過**と言われます。

債務超過や実質債務超過であれば、融資の審査では、かなり不利になります。

なお、銀行から、資産をふくらませるために**意図的に現金勘定を多くした**と見られることもあります。これは**粉飾決算**となり、粉飾決算を行ったと見られると、銀行は新たな融資を行わなくなります。

以上をまとめますと、

- 会社の現金は、金庫と現金出納帳で管理すること
- キャッシュカードは、金庫に現金を補充するとき以外は金庫に保管すること
- 社長がキャッシュカードを持ち歩いて、ATMで現金を引き出すことはしないようにすること

これらは会社が現金を管理するにあたり守るべきことで、これらを守っていれば現金勘定がふくらむことなく、銀行員が疑念を持つこともありません。

自社は現金をどのように管理しているか、見直してみましょう。

《ポイント》**貸借対照表の現金勘定が不自然に多ければ、銀行員は本当に現金がそれだけあるのか、粉飾しているのではないかと疑う。**

036

「売掛金が大きいですね」

銀行員は決算書のなかの貸借対照表を見て、それぞれの勘定科目が正しく計上されているのかを見ます。資産を実態より大きく計上することで財務内容を良く見せようとする会社があるからです。そこで銀行員は、貸借対照表を見て、資産の勘定科目はそれぞれ実態どおりの金額であるか、金額をふくらまして計上しているのではないか、チェックします。

売掛金勘定を見て銀行員は、月商（年商÷12カ月）に対し何カ月分の金額であるか計算します。

例えば、ある会社は年商2億4000万円、月商2000万円とします。また売掛金は4800万円であるとします。そこから計算すると、

売掛金4800万円 ÷ 月商2000万円 ＝ 2.4カ月

で、2.4カ月分の売掛金があることになります。

銀行では融資先企業それぞれについて、売上の標準の締め日・入金日を調査し記録しています。社長からヒアリングしたり、決算書についている法人事業概況説明書を見たりして調査しているのです。そして、締め日・入金日に比べて、売掛金が不自然に大きくないかを見ます。

例えば、売上の締め日が〈月末日〉、入金日が〈翌月末日〉であれば、締め後1カ月で売掛金が入金されるので入金サイトは〈1カ月〉となり、売掛金残高が〈月商の1カ月分〉前後であれば自然です。それより大きすぎると不自然になります。この例の会社であれば、月商の2.4カ月分もの売掛金があり、不自然というわけです。

売掛金が不自然に大きければ、売上の前倒し計上や架空計上による粉

飾、回収不能となっている売掛金の存在、などを疑ってきます。それらが判明すれば、銀行はその金額は資産価値がないものと見てきます。また銀行から粉飾決算を行っている会社であると見られた場合は、今後の融資を受けることは困難となります。

○売掛金の大きさを指摘されたとき、理由があればきちんと説明する

銀行員から売掛金が大きいと指摘されても、きちんとした理由があれば説明すべきです。説明の例は次のとおりです。

- 「決算月の売上高が大きかったため、売掛金も大きくなりました」
- 「決算日が日曜日であり、翌月初めに売掛金入金が多くずれた分、売掛金が大きくなりました」
- 「売掛金が決算日に一部入金とならなかったため売掛金は大きくなりました。その売掛金は翌月に入ってすぐ、すべて入金されました。売掛先で事務処理ができておらず支払いが遅れてしまったとのことでした」

《ポイント》**「売掛金が大きい」と指摘された場合、銀行は前倒しや架空の売掛金、不良の売掛金などを疑っている。金額が大きい理由があれば、きちんと説明する。**

037

「棚卸資産(在庫)が大きいですね」

銀行員は決算書のなかの貸借対照表を見て、それぞれの勘定科目が正しく計上されているのかを見ます。

棚卸資産で計上されている金額が大きければ、〈金額を実態より大きく計上しているのでは?〉と銀行員は気になります。

棚卸資産とは在庫のことで、貸借対照表では商品・製品・半製品・仕掛品・原材料・貯蔵品などとして表記されます。銀行では棚卸資産の金額を、年間の売上原価を月平均にして、その何カ月分あるか計算します。計算された数値が業界水準に比べて大きければ、棚卸資産を実態より大きく計上しているのではと見てきます。

例えば、年間の売上原価は1億9200万円、月平均で1600万円、棚卸資産が5600万円の場合。棚卸資産は、

5600万円 ÷ 1600万円 = 3.5カ月分

となります。これが業界平均に比べてどうか、銀行は見てくるのです。

業界平均の棚卸資産は売上原価1カ月分だとすると、3.5カ月分もの棚卸資産があるのは明らかに多いでしょう。

そのように棚卸資産が業界平均に比べて大きければ、銀行員は疑念を持ち、本当にそれだけの棚卸資産があるのか企業に確認します。

長い間売れない在庫(**滞留在庫**)があるのではないか、あるいは、実際はないのに架空で計上されている金額があるのではないか……。

そして銀行員は、棚卸資産としての価値がない金額(今後も売れる見込みがない在庫の金額や架空在庫の金額)を差し引いて見てきます。

なお、前にも述べたとおり、財務内容を良く見せるために意図的に架空計上をしていると見られたら粉飾決算とされ、今後、新たな融資を受けるのは困難となります。

また銀行は、過去の決算に比べ、棚卸資産がどのように推移しているのかも見てきます。例えば、棚卸資産が売上原価に比べ、2期前は1.0カ月分、1期前は2.0カ月分、当期は3.5カ月分と上がり続けていれば、その理由はなんなのか。〈損益計算書の利益が本当は赤字なのに、黒字にする意図で棚卸資産を実態よりも多く計上しているのでは？〉（期末の棚卸資産が大きくなると、売上原価は小さくなり、利益は大きくなる）と疑うかもしれません。

自分の業界では棚卸資産の適正水準はどれぐらいか、インターネットで調べたり、顧問税理士に調べてもらったりして把握しておくとよいでしょう。棚卸資産が業界水準に比べて大きい場合や、過去の決算に比べて年々大きくなっている場合は、理由があれば銀行に説明したいところです。

次が説明の例です。

- 「決算月に商品の仕入れが多くあったので、商品勘定が大きくなりました」
- 「自社は業種柄、1年のなかで決算期に在庫が多くなる傾向があります。決算期の後、3カ月ぐらいで、そのほとんどが売れます」
- 「1年半前に多く仕入れた○○という商品が思ったより売れず、その分の在庫が800万円分残っています。まとめて買ってくれる業者があり、原価の半分で買ってくれるよう話を進めています」

《ポイント》**「棚卸資産（在庫）が大きい」と指摘された場合、銀行員は滞留在庫、架空在庫を疑っている。金額が大きい理由があれば、きちんと説明する。**

038

「貸付金（仮払金／立替金）について教えてください」

貸借対照表の資産の部には貸付金勘定があります。貸借対照表のなかで、銀行員が特に注意深く見ているところの一つです。仮払金・立替金も同様です。ここでは貸付金・仮払金・立替金をまとめて貸付金として述べていきます。

貸付金が多く計上されている場合、まず、**誰に貸しているのか**を銀行員はチェックします。決算書には勘定科目内訳明細書がついていますが、そのなかの貸付金の明細を見て、誰にいくら貸しているのかを見ます。

貸付金の貸付先で多いケースは、社長、従業員、関係会社です。

このうち社長に対して貸付金がある場合、社長自身は会社から借りている自覚がないこともよくあります。

例えば、社長がふだんから会社のキャッシュカードを持ち歩き、ATMで現金を引き出すことがある場合。会社の経費で使うつもりで現金を引き出しても、社長個人の財布に現金が入るので、いつのまにか生活費として使ってしまい、〈035〉で述べたように現金勘定がふくらんでいきます。それを社長への貸付金と見た場合、現金勘定は貸付金勘定へ振り替えられます。そうなると、社長には自覚がないまま貸付金はふくらんでいきます。また、社長が会社から役員報酬の手取りを受け取るとき以外で、会社から社長の個人預金口座へお金を振り込んだ場合は当然、貸付金となります。

従業員から「お金を貸してほしい」と頼まれて会社から貸しつける〈人が良い〉社長もいます。こうして従業員への貸付金が発生します。

また、関係会社がある場合、関係会社が運転資金や設備資金を必要としたときに関係会社自身が銀行から融資を受けられなければ、関係会社に貸しつけてしまいます。

誰に貸したとしても、貸付金は問題とされます。次の3つの理由からです。

①貸付金は将来返済される可能性がないと見られやすく、価値のない資産と見られる

②会社の資金を貸しつけることにより、資金繰りに支障が出る

③融資で得た資金を、融資申し込み時に銀行に伝えた資金使途どおりに使わず、社長などに貸しつけたとして資金使途違反と見られる

特に③の理由が問題となります。貸付金が多くある会社は、資金使途違反をした会社と見られることがあり、その場合、その後の融資が困難となります。

銀行員から「貸付金（仮払金・立替金）について教えてください」と言われたら、貸しつけた理由を伝えるとともに「資金の管理ができておらず申し訳ありません。貸しつけた相手からすぐに全額回収するのは難しいですが、毎月返済してもらいます」というように伝えます。

貸しつけた相手と借用書を結び、毎月返済することを約束させたうえで、借用書を銀行員に見せて理解を得るようにします。もちろん、すぐに回収できるのであればそうすべきです。

《ポイント》**貸付金・仮払金・立替金が多いのは融資の審査でかなり不利になる。安易に貸付金等を発生させてしまった反省を述べるとともに、どのように回収していくかを銀行員に伝える。**

039

「関係会社の決算書を見せてください」

本体の会社とは別に関係会社がある場合、銀行員から「関係会社の決算書も見せてほしい」と要求されることはよくあります。貸借対照表で、関係会社に対する出資金や貸付金がある場合は特に要求してきます。

その理由は次の3つです。

①関係会社への出資金・貸付金の額に見合う価値があるか見る

関係会社の業績や財務内容が悪い場合、〈出資金として計上されている金額ほど関係会社の株式価値はない〉〈関係会社への貸付金の回収が期待できない〉などと見られます。この場合、銀行は出資金や貸付金の資産価値を差し引いて見てきます。

②本体の会社と関係会社を実質同一体として見る

銀行が本体の会社だけでなく関係会社に対しても融資している場合には、その両社は実質、一つの会社として銀行は見てきます。これを「実質同一体である」と言い、一つの会社と見て融資の審査を行います。

この場合、銀行は一つの会社とみなした場合の連結決算を見たいと考えるものです。企業側でその資料を作っていれば、提出すると銀行としては助かります。もし企業側で作っていなくても、銀行内で独自に連結決算を作っていることが多いです。

③関係会社へも融資する機会を探る

銀行では営業のノルマがあり、新規融資先の獲得もその一つです。

本体の会社と関係会社、実質同一体と見られるとしても、関係会社に新規で融資を行えば、新規融資先獲得という実績になります。

関係会社へも融資を行えないか探るために、関係会社の決算書を要求することもあります。

これらのなかでも特に①と②の理由で、銀行は関係会社の決算書を要求します。

ところで、もし、その関係会社の業績や財務内容が悪い場合には、どうなるのでしょうか。

本体からの出資金や貸付金が少額であり、かつ関係会社では銀行から融資を受けていなければ、本体の会社の融資審査への影響は少ないです。しかし、関係会社への出資金や貸付金が多ければ、本体の会社でそれらの資産価値がないものとして見られ、本体の会社の融資審査への影響は出てしまいます。

また、本体の会社だけでなく関係会社でも銀行から融資を受けている場合、本体の会社・関係会社を実質同一体として一つの会社とみなしたうえで審査され、本体の会社の融資審査にも影響が出てしまいます。

関係会社の業績や財務内容が悪い場合には、関係会社をどのように経営改善していくか銀行にしっかりと説明し、できれば関係会社の経営計画書も用意したいところです。

《ポイント》 **関係会社の業績や財務内容によっては、本体の会社への融資審査にも影響が出てくる。その場合は関係会社をどのように経営改善していくか銀行に説明する。**

040

「借入金が多いですね」

決算書のなかの貸借対照表を見て、銀行員が「借入金が多いですね」と言ってくることがあります。銀行員はどういう思いで、こう言うのでしょうか。

銀行員は、借入金の水準がどれくらいかを見ています。売上が大きい会社ほど借入金も大きくなる傾向にありますので、売上の規模から見て借入金はいくらあるか、という見方をします。すなわち、月商（年間売上高÷12カ月）に比べて何カ月分の借入金があるかを計算しているのです。

〈総借入金÷月商〉で計算される数値を**借入金月商倍率**と言います。例えば、年商が1億2000万円、12カ月で割って月商が1000万円、総借入金が2500万円の場合、借入金月商倍率は、

総借入金2500万円 ÷ 月商1000万円 ＝ 2.5カ月

と計算されます。不動産賃貸業など業種の特性によって借入金が多くなる傾向の業種はありますが、そのような特殊な業種を除くと、銀行員は借入金月商倍率によって借入金規模を次のように見ます。

借入金月商倍率	銀行員がどう見るか
2カ月未満	「少ない」か「ちょうど良い」
2カ月～4カ月未満	「やや多い」
4カ月以上	「多い」

借入金が多いと融資の審査がまったく通らなくなるわけではありませんが、影響はあります。ただし、融資の審査を有利にするために、手元にある預金で既存の融資を返すのは本末転倒です。

借入金が大きい会社には、そこに至る原因があります。次がその例です。

①安全な経営を行うために預金を潤沢にしようと、機会あるごとに融資を受けてきた。

②土地や建物、高額な機械を購入するなど過去に大きな設備投資を行い、そのときに融資を多く受けた。

③過去に赤字を出してきており（粉飾で黒字に見せていた場合も含む）、赤字で減少した現金を、融資を受け補塡してきたため借入金がふくらんだ。

④売上高が大きく減少し、売上高に対する借入金の規模が相対的に大きくなった。

ひとくちに「借入金が多い」と言っても、そこに至る原因はさまざまです。もし自社の借入金が多い場合、その原因を考えてみてください。上の例のうち、①は前向きな原因です。「預金をできるだけ増やしておきたいから機会あるごとに融資を受けている」と銀行員に説明し、理解を得てください。②もまた、会社の成長のため積極的に設備投資を行ってきたという前向きな原因ですから、そのことを銀行員に説明し理解を得ましょう。これらのように原因が前向きで、それで銀行の理解を得られれば、たとえ借入金が多くても新たな融資に支障が出ることは少なくなるでしょう。

一方、原因が②であっても、設備投資を行って想定どおりに売上・利益が伸びなかった場合は、過剰な設備となり、借入金の返済も負担となってしまいます。また、原因が③や④である場合も、赤字や売上高減少という問題があり、借入金の返済が負担となってしまいます（そもそも③、④は原因が前向きでないため、銀行の理解を得たとしても新しい融資に支障は出てしまいます）。これらの場合、銀行が今後も継続して融資を行ってくれるかどうか見極める必要があります。

新たな融資が出なくなれば、そのままでは今後の返済により資金不足に陥りますので、借入金の返済を減額・猶予（これを「リスケジュール」と言います）する交渉を銀行と行う必要があります。

《ポイント》**借入金が多くなっていれば、その原因を把握し、銀行員に説明して理解を得るようにする。**

041

「役員報酬、高くないですか?」

決算書のなかの損益計算書や勘定科目内訳明細書の役員報酬欄を見て、銀行員が「役員報酬、高くないですか?」と言ってくることがあります。

銀行員はサラリーマンですので、社長や役員の給料である役員報酬は、銀行員としての自分の給料と比較できます。そのため役員報酬がどうであるか、銀行員から指摘されやすいのです。ただし、「役員報酬が高い」といっても、会社の状況により考え方は違います。分けて考えてみます。

1. 会社に十分な利益があるとき

ここで言う「十分な利益」とは、キャッシュフロー(事業活動により得られる利益から生み出される現金)により融資の返済ができるだけの利益のこととします。

銀行ではキャッシュフローを、決算書のなかの損益計算書を見て、簡易的な計算式〈当期純利益+減価償却費〉で計算します。

返済ができるだけのキャッシュフローを会社は稼いでいるのであれば、役員報酬について銀行員に言われる筋合いはありません。しかし、反論して銀行員に悪い印象を与えるのもよくありません。そこで、「いまの役員報酬でも会社に十分な利益を残し、融資の返済もできています。業績が好調なうちに私(社長)個人に預金をためておき、将来、会社が万が一厳しくなったときに備えておきたいのです」などと言っておけば角(かど)は立ちません。

2. 会社は黒字であるが十分な利益はないとき

黒字ではあるが、融資の返済ができるだけのキャッシュフローを稼げているとは言えない場合、銀行員は〈役員報酬を下げて利益を増やしてほしい〉という意図で「役員報酬が高い」と言っていると推測されます。しかし、ただ感覚的に「役員報酬が高い」と言っているだけかもしれません。そこで、「では、いくらぐらいの役員報酬が適正だと思われますか。また、その根拠はなんですか」と聞いてみてください。その根拠が納得いくものであれば、役員報酬の引き下げを検討します。

3. 会社は赤字であるとき

会社が赤字なのに社長が高い役員報酬をとっているなら、それは問題だと銀行員は考えます。銀行員の意見を聞いたうえで、適正な役員報酬を検討してください。

4. リスケジュールを交渉する、もしくはすでに行っているとき

リスケジュールとは、銀行に融資の返済を減額もしくは猶予してもらうことです。リスケジュールを行いながら社長が高い役員報酬を得ているのは、銀行としては納得いきません。高い役員報酬をもらうのなら銀行に少しでも返済してくれと銀行は考えます。高い役員報酬のままではリスケジュールは受け入れてもらえず、通常どおり返済するよう要求してくることでしょう。銀行員の意見を聞いたうえで、適正な役員報酬を検討してください。

以上のように、銀行員の「役員報酬が高い」ということばは、会社の状況により発言の意図が異なってきます。銀行員が単なる感想で「役員報酬が高い」と言っているだけであれば、その後の融資に支障はありません。

一方、役員報酬を下げなければ新たな融資は難しくなってくる、もしくはリスケジュールを受け入れない、という意図であれば、銀行員の意見を聞いたうえで役員報酬の引き下げを検討しなければなりません。

しかし、役員報酬を下げすぎて社長が生活できなくなったり、社長個人で借りている借入金の返済ができなくなったりすれば問題です。毎月どれだけ生活費が必要なのか、個人の借入金の返済でどれだけ必要なのかを銀行員に伝え、銀行員の意見を聞いたうえで適正な役員報酬を検討したいところです。

なお、役員報酬はすぐに引き下げると、税務上〈損金〉にできないことがあります。いつ引き下げるかについては、顧問税理士と相談してください。

《ポイント》**「役員報酬が高い」と言う意図は何なのか把握する。状況によっては引き下げざるをえない場合もある。**

第4章…決算書を見て、こう言ってきた

042

「この経費、高くないですか?」

企業から決算書を提出されたら、そのなかの〈販売費及(およ)び一般管理費〉の明細を見て「この経費、高くないですか?」と銀行員から言われることがあります。

前項の役員報酬とともに、銀行員が「高い」と言ってくることが多いのは、**交際費**です。

銀行員から見ると、交際費は**ムダなように見えやすい**ものです。一方、交際費を使う社長としては、取引先などとの飲食やゴルフで交際費を使うことは取引を深めるために必要と思うものです。

しかし、実際のところ、売上に結びつかないのに〈ムダに〉交際費を使っている、もしくは売上に結びついたとしても〈必要以上に〉交際費を使っている社長は多いものです。個人の遊びで使った飲食費なども会社の交際費としている社長もいます。このような交際費はムダであり、社長は自覚し、削減すべきでしょう。

その他の経費でも、販売費及び一般管理費の明細のなかで大きく計上されているものについて、銀行員は内容を聞いてきます。

聞かれたら回答できるように、それぞれの経費の内容はしっかり把握しておきたいものです。

想定問答例①

銀行員「支払手数料が850万円ありますが、どんな費用ですか?」

回答例「うちの会社は取引先から見込客の紹介も募(つの)っていて、成約に至った場合、販売手数料を支払っています。それが600万円ぐらいあります」

また、決算期が来て、新たに決算書を提出した後、前の期の決算書と比較して大きく増加した経費について、その理由を銀行員は聞いてきます。なぜ大きく増加したのか把握し、答えられるようにしておいてください。

想定問答例②

銀行員「前の期に比べ、給与手当が上がっていますが、なぜですか」
回答例「前の期の末では従業員が10人だったのですが、営業を積極的に行っていこうと、営業社員2名に入社してもらいました」

企業が銀行に決算書を提出したら、銀行では企業の信用格付をつける作業を行います。また、銀行の担当者は決算書の内容について把握し、本部や上司から質問があったときに備えます。

社長は、銀行員から決算書の内容について質問があったら答えられるようにしておきましょう。その答えは必ず、目の前にいる担当銀行員をつうじて伝えられ、銀行のその後の意思決定を左右し、さまざまな反応となって返ってくるということを肝に銘じましょう。

《ポイント》**金額が大きい経費や、前の期に比べ大きく増加した経費について、その理由を銀行員から聞かれやすい。得に〈交際費〉は聞かれやすい経費であり、ムダな交際費は使わないようにする。**

column 銀行員の日常のひとこま④

営業係は支店長や上司から“詰め”られる

銀行にも営業目標があります。本部から支店に営業目標が割り振られ、その目標が支店内でさらに「営業係（得意先係）」や「テラー（窓口係）」に割り振られます。

営業目標の達成状況は、支店長が人事評価される項目の一つです。達成に向けて支店長が営業係長を“詰め”、営業係長は部下である営業係を“詰め”ます。営業畑出身の支店長は特に営業目標達成への意識が高いです。そのような支店長は営業係の会議に自ら参加し、「A君、今期、1億円の融資獲得は絶対できるんだな？」などと言ってプレッシャーをかけます。

日々のやりとりのなかでも、営業係長が営業係にその日の「成果」を報告させることがよく行われています。「B社から保証付融資申込書2000万円をもらいました。また、クレジットカード3件とれました！」というように成果があった日は堂々と言えますが、成果がなかった日は「今日は……何もありません……すみません」と小声となってしまいます。朝、営業のため外に出る前に、「今日は必ず○○をとってくるように。とってくるまでは帰ってくるな」と露骨（ろこつ）に圧力をかけてくる営業係長もよくいます。

あなたの会社に銀行員がいろいろ売り込んでくる背景には、このような営業目標達成へのプレッシャーがあります。

銀行も営利企業ですので、利益を上げなければなりません。

他の企業でも行われているような営業目標達成への取り組みが、日々行われているのです。

第5章

融資の審査後に銀行員からこう言われた

043

「次の決算書を見てからにさせてください」

銀行員に融資の相談をしたとき、もしくは融資の審査が終わった後、銀行員から「融資は次の決算書を見てからにさせてください」と言われた。このことば、**銀行員が融資を断るときの決まり文句**の一つです。

銀行員が「次の決算書を見てからにさせてください」と言ったとき、それは〈**直近の決算書では審査は通らない、しかし次の決算で業績や財務内容が改善されたら融資は出るかもしれない**〉という意味です。

より具体的には、

・直近の決算書で損益計算書を見ると赤字であったが、次の決算では黒字回復した場合

・直近の決算書で貸借対照表を見ると純資産がマイナスつまり債務超過であったが、次の決算では債務超過が解消された場合

などです。

ただ銀行員のなかには、次の決算で業績や財務内容が改善されたとしても、とうてい融資の審査が通る見込みがないのにもかかわらず、「次の決算書を見てから」ということばでその場をやり過ごそうとする人もいます。

実際、このパターンで「次の決算書を見てから」と言われ、社長は次の決算書で融資が出ることを期待して既存の融資を無理に返済し続けた。しかし、次の決算書で数字が改善したにもかかわらず審査は通らずじまいで、資金不足に陥ってしまう会社もあります。

「次の決算書を見てから」と言われても真に受けず、次の決算書で具体的に数字がどうなっていたら融資の審査が通りやすくなるのか、銀行員に

つっこんで聞いてみてください。次の決算書で数字が改善してもとうてい融資は期待できないのならはっきり言ってほしい、とも伝えてください。

銀行員にあいまいな回答をされることにより、社長が現実を見ることができず、新たな融資に期待し続け、資金繰りがより悪化してしまう……そういう会社もあります。

たとえ次の決算書で数字が改善しても、新たな融資は期待できず、しかも他の銀行でも同様の場合で、そのうえキャッシュフロー（事業活動により得られる利益から生み出される現金）で返済できていない会社は、返済を続けるとやがて資金不足となり、会社は存続できなくなります。この場合、銀行に返済の減額・猶予（リスケジュール）を交渉すべきです。

「次の決算書を見てから」という、ある意味とても便利な常套句は、表面的には断っているように聞こえない点で、とりわけ、そのことばの受け取り方や、その後の対応に気をつけなければいけない要注意フレーズのひとつなのです。

《ポイント》**「次の決算書を見てから」ということばを真（ま）に受けないこと。次の決算書で数字が改善したら本当に融資が通る見込みがあるのか、銀行員につっこんで聞く。**

044

「総合的に判断して融資は見送らせていただきます」

銀行で融資の審査を行ったあと「総合的に判断して融資は見送らせていただきます」と言われ断られることがあります。しかし、社長としては「総合的に判断して」と言われても審査が通らなかった理由が分かりません。理由が分からなければ対策のとりようがなく、今後、融資を受けられるようになるにはどうすればよいのか分からないままです。

融資を断る際に「総合的に判断して」と言う銀行員がなぜ多いのか。それは、**融資を断る際に「総合的に判断して」と企業に伝えるよう銀行内で教育されているから**です。しかし、融資の審査が通らなかった理由が何かあるはずであり、銀行員からそれを聞き出したいところです。

審査が通らなかった理由を知ったうえで、問題を改善したら、すぐにでも再度融資を申し込みたいところですが、審査が通らなかった直後であれば、同じ銀行でまた融資を申し込んでも最低でも数カ月は空(あ)けなければ審査してもらえません(もちろん、別の銀行であればすぐに融資を申し込むことができますし、断られた銀行でも数カ月たった後であれば、また融資を申し込むことはできます)。

銀行員に対し、次のように聞いてみてください。「審査が通らなかった理由を教えてください。その理由を聞いても文句は言いません。弊社のどこに問題があるのかを把握し、改善していきたいのです。」

このように聞くと、多くの銀行員は審査が通らなかった理由を教えてくれることでしょう。それでも教えてくれない場合は、自分から思い当たる理由を一つひとつ聞いてみるとよいです。

○融資を断る理由で多いもの

銀行が融資を断る理由で最も多いのは、会社の業績や財務内容が悪いことです。決算書の損益計算書が赤字であったり、貸借対照表の純資産がマイナスつまり債務超過であったりすれば、それが影響したのか聞いてみましょう。また、同じ銀行で前回は審査が通って融資が出たのに、今回は審査が通らなかったのであれば、その間に業績が悪化したことが理由である可能性が高く、聞いてみます。

このように業績や財務内容が悪いことが、審査が通らなかった理由であれば、どのように経営改善していくか経営計画書を作成したうえでまた融資を申し込みましょう。

業績や財務内容の次に理由として多いのは、融資の資金使途が銀行にとって納得のいくものでなかったということです。

なぜ運転資金が必要なのか、なぜ設備資金が必要なのか、銀行としては理解できなかった。これが理由であれば、資金使途を見直したうえで再度融資を申し込みたいです。

会社や社長、役員、株主の背景に問題があることもあります。例えば、反社会的勢力と見られた／反社会的勢力に関わった／過去に犯罪を起こした／社長や役員が別会社の役員も兼務していて、その会社で銀行への返済ができなくなった／会社の許認可に問題があった／過去に資金使途違反した／粉飾決算をした……。これらの理由である場合、挽回(ばんかい)するのはなかなか難しいです。なお、これらの理由があると銀行が誤解しているようであれば、書面を作って説明し、誤解を解くよう動いてみてください。

《ポイント》**「総合的に判断して」と言われても、それだけでは融資の審査が通らなかった理由は分からない。銀行員から理由を聞き出し、対策をとる。**

045

「審査は通りませんでした」

（信用保証協会の保証付融資を申し込んで）

信用保証協会の保証付融資を申し込んで、銀行員から「審査は通りませんでした」と言われた場合に、銀行員に必ず聞いたほうがよいことがあります。それは「信用保証協会で審査が通らなかったのか」、それとも「銀行で審査が通らなかったのか」です。

保証付融資の場合、信用保証協会と銀行、両方で審査されます。

保証付融資では、融資を行うのはあくまで銀行であり、その融資に信用保証協会が保証をつけます。

前述のとおり、信用保証協会の保証がつけば、その後、企業が返済できなくなった場合でも、返済できない融資の80％について信用保証協会が貸し倒れを負担します（制度によっては100％）。一方で、20％分は銀行が貸し倒れを負担します。

このように銀行も貸し倒れを負担することもあるため、たとえ信用保証協会で審査が通り保証がつくことになったとしても、銀行で審査が通らないということがあるのです。

以下、信用保証協会で審査が通らなかったのか、それとも銀行で審査が通らなかったのか、それぞれの場合で考えてみます。

○信用保証協会で審査が通らなかった場合

信用保証協会は原則、共通ですので、審査が通らなかったからとすぐに別の銀行で保証付融資を申し込んでも審査が通ることは期待できません。

なお、これも前述のとおり、信用保証協会は47都道府県に1協会ですが、例外として横浜市・川崎市・名古屋市・岐阜市に本店がある会社は、それぞれの市にある信用保証協会と県の信用保証協会、両方を使えますので、審査が通らなかった信用保証協会とは別の信用保証協会に申し込むことができます。

また、事業所が本店所在地とは別の都道府県にある会社であれば、事業所のある都道府県の信用保証協会も使えますので同様です。

○銀行で審査が通らなかった場合

信用保証協会では審査は通ったのに、銀行で審査が通らなかった場合には、すぐに別の銀行で保証付融資を申し込むことで、銀行の審査が通れば保証付融資を受けられることが期待できます。

なお、銀行から信用保証協会に保証の審査を申し込むことなく、銀行だけの判断で融資を断るケースもあります。この場合、信用保証協会はそもそも今回の融資申し込みの件は知らないことになります。それであれば、すぐに別の銀行に保証付融資を申し込みましょう。

このように信用保証協会と銀行、どちらの審査が通らなかったかによって、企業はどう動くべきかが異なります。そのため、保証付融資を申し込んで銀行員から「審査は通りませんでした」と言われた場合には、信用保証協会、銀行、どちらの審査が通らなかったのかを銀行員に聞いて、状況を正確に把握すべきなのです。

《ポイント》**保証付融資を申し込んだ場合、審査が通らなかったのは〈信用保証協会〉なのか〈銀行〉なのかを銀行員に聞いて把握する。**

046

「本部で審査が通りませんでした」

銀行員が融資を断るときの決まり文句の一つに「本部で審査が通りませんでした」があります。前述のとおり、銀行は本部と支店で構成されています。銀行のその会社への融資総額が大きくなるなど、支店長で決裁できない案件は、本部（審査部・融資部などと言われる部署）にまで稟議書（りんぎしょ）が回覧され、本部で決裁されます。

本部で審査が否決となって「本部で審査が通りませんでした」と銀行員から言われたら、このことばは本当です。しかし、本部に稟議書が回覧されていないのに「本部で審査が通りませんでした」と、本当ではないことを銀行員から言われる場合もあります。何でも本部のせいにしておけばよいと思っている銀行員が一部いるからです。

本部ではなく支店で審査が通らなかった場合、次の２つに分けられます。〈支店長が否決して〉審査が通らなかった場合と、融資の申し込みを受けつけた〈担当者の独自判断で〉融資を断った場合とです。

さらに、支店長が否決した場合でも、〈支店長の意向が強かった〉場合と、〈融資係長の意向が強かった〉場合とがあります。

融資に特に反対したのは誰かを知ることにより、対策をとることができます。「本部で審査が通らなかった」ということばを鵜呑（うの）みにせず、ちょっと勇気を出して「審査が通らなかったのは、どなたが特に反対されたからですか?」と、ズバッと銀行の担当者に聞いてみてください。

○本部が審査を通さなかった場合

稟議書は支店内で回覧され、最後は支店長を通ってから本部へ回覧されます。

本部で否決されたのなら、支店長では審査を通過したと考えられます。であれば、後述の〈支店長が否決する場合〉よりも今後に希望が持てます。本部はどこを見て審査を通してくれなかったのか、銀行の担当者に聞いてみてください。

○支店長が審査を通さなかった場合

担当者に聞いたところ、支店長が審査を通してくれなかったと聞き出せた場合には、その後、支店長と交流できないかを考えたいところです。担当者に、「今回の融資はあきらめるが、今後のことを考え、支店長に自社をアピールする機会がほしい」と伝えてください。自社の商品・サービスを説明したり、工場や店舗に招いて見学してもらったりするなど、支店長に自社をアピールします。このように積極的に取り組むことで支店長に好印象を持ってもらい、次回、融資を申し込んだときに審査を有利に進めたいです。

○融資係長が特に反対していた場合

担当者に聞いたところ、支店内の融資係長（融資係のトップ）の反対が強く、審査が通らなかったと聞き出せる場合もあります。今まで融資係長と面識がなく、話をしたことがないのであれば、融資係長は自社のことをよく知らないまま書類からの印象だけで融資に反対したのかもしれません。担当者に頼んで、融資係長と接触する機会を持ち、自社をアピールしましょう。

○担当者の独自判断で融資を断られた場合

稟議書が作成されることなく、担当者の独自判断で融資を断ったと分かった場合には、担当者を飛び越え、その上司や支店長に直談判できないかを考えましょう。ただし、担当者にひとことも告げずに直談判をするのは良くないので、担当者に「上司（支店長）に話をさせてほしい」と伝えてください。上司や支店長は、担当者と違って柔軟に考えてくれていることも多いものです。それで融資が前に進むようになればもうけものです。

《ポイント》 **融資を断るとき〈本部のせい〉にする銀行員は多い。本当は誰が特に融資に反対して審査が通らなかったのかを聞き出し、次に融資を申し込むときに向けて対策をとる。**

047
「不動産を担保に入れたら融資します」

融資を申し込んだとき、もしくは融資の審査の結果「不動産を担保に入れたら融資します」と言われる場合があります。

担保としての価値がある不動産を所有している会社に言うならまだしも、そのような不動産を所有していない会社に対しても「不動産を担保に入れたら融資します」と銀行員が言ってくることさえあります。

以下、それぞれの場合に分けて見てみます。

◯不動産を所有していない会社の場合

担保としての価値がある不動産を所有していない、社長個人でも所有していないのに「不動産を担保に入れたら融資します」と言ってきた。この場合、銀行員が回りくどく融資を断っているということです。「融資は出せません」と直接的に言うと相手を怒らせることをおそれてです。

「不動産を担保に入れたら融資します」ということばどおりに解釈すると、担保に入れる不動産を探してほしい、親戚(しんせき)や知人が持っている不動産を担保に入れてくれるよう頼んでほしい、という意味にとれます。しかし、現実は無理な話です。無理であることを承知で、銀行員は「不動産を担保に入れたら融資します」と言ってくるのです。こんな言い方で融資を断るのであれば、素直に「融資は出せません」と言ってほしいものです。

◯不動産を所有している会社の場合

担保としての価値がある不動産を所有している会社に「不動産を担保に入れたら融資します」と言ってきた。この場合、不動産を担保に入れる条件つきで審査が通ったのか、審査の前段階で不動産を担保に入れたら審査が通ると見込んでいるのでしょう。しかし、このように言われたとしても、簡単に不動産を担保に入れるのではなく、会社側としては担保なしで融資が受けられないか探りたいところです。

銀行としては、融資を行う場合、不動産を担保に入れてもらえるにこしたことはありません。担当の銀行員がはじめから〈担保ありき〉で融資を考えているのであれば「担保なしで融資を考えてほしい」と言い切ってください。

そして、審査の結果「やはり不動産を担保に入れてもらえなければ融資はできません」と言われた場合には、そこから担保なしで融資を受ける交渉をしても挽回は難しいです。この場合、希望の融資金額を減らしたり、希望の返済期間を短くしたりして、担保なしで融資が受けられないか妥協点を探るのも一つでしょう。

このように交渉しても銀行から担保の要求が変わらないのであれば、別の銀行にも融資を申し込んでみます。それで担保なしで融資を行ってくれる銀行が見つかるのであれば、結果オーライです。

会社や社長が所有する不動産は、銀行へ簡単に担保に入れるよりも後々のためにとっておくようにしてください。もし将来、どうしても担保を入れなければ融資が受けられない場合に備えてです。

新たな融資を申し込んだとき、銀行から担保を要求されたからと、簡単に不動産を担保に入れるのは得策ではありません。担保なしで融資が受けられないか探るようにしてください。

《ポイント》**不動産を所有していない会社の場合、融資を回りくどく断られたということ。不動産を所有している会社の場合でも簡単に不動産を担保に入れず、担保なしで融資を受けられないか探る。**

048

「社長以外にも連帯保証人をつけてください」

銀行に融資を申し込んだときに「社長以外にも連帯保証人をつけてください」と言われることは、今ではほとんどなくなりました。

以前は、経営に関係のない第三者を連帯保証人（**第三者保証人**）とすることがよく行われていました。

企業が銀行へ返済できなくなったとき、第三者保証人は経営に関係ないのに銀行から返済を要求されました。金銭消費貸借契約書などの連帯保証人欄に署名・捺印したのは第三者保証人自身であり、やむをえないことです。しかし、経営に関係ないのに大きな負担をさせることが問題となり、銀行の融資では第三者保証人をつけることが原則禁止となりました。次のような通達が示されています。

- **中小企業庁からの通達**（2006年3月）

「中小企業庁では、信用保証協会が行う保証制度について、2006年度に入ってから保証協会に対して保証申込を行った案件については、社長本人以外の第三者を保証人として求めることを、原則禁止とします。」

→保証付融資で第三者保証人を原則禁止

- **金融庁からの通達**（2011年7月）

「金融機関が企業へ融資する際に、社長以外の第三者の個人連帯保証を求めないことを原則とする旨の監督指針の改正を実施。」

→プロパー融資で第三者保証人を求めないことを原則化

この結果、「社長以外にも連帯保証人をつけてください」と言われることはほとんどなくなりました。

しかし、あろうことか、これらの通達を無視して、銀行員が社長に「社長以外にも連帯保証人をつけてください」と言ってくる場面がいまだに見られます。

「形だけですから」と言って第三者保証人をつけさせようとする銀行員もいます。

もし「社長以外にも連帯保証人をつけてください」と銀行員が言ってきた場合には、前述の中小企業庁や金融庁からの通達により、

「第三者保証人は原則禁止となったのではないか」

と銀行員に言ってみてください。

社長がこうした知識を持っていれば、銀行員はそれ以上つっこみにくくなるものです。つまり、社長に知識があれば銀行員と対等に交渉できるかもしれないのです。

《ポイント》**保証付融資も、プロパー融資も、第三者保証人をつけることは原則禁止されている。第三者保証人をつけるよう銀行員から言われた場合、「通達により原則禁止されているのでは?」と言ってみる。**

049

「定期預金を○○○○万円入れてもらえれば、融資しますよ」

希望額2000万円で融資を申し込んだところ「金額3000万円で融資するから定期預金を1000万円作ってほしい」と言われた。このように融資で出した資金の全部または一部を定期預金にすることを**両建預金**と言います。

地方銀行のH銀行は2018年7月、必要以上の資金を貸して一部を定期預金にさせていたとして金融庁から業務改善命令を受けています[*1]。

＊1 金融庁の銀行への監督指針には「過当な歩積両建預金等の受入れ」と「独占禁止法上問題となる優越的な地位の濫用」について「どのように防止しているか」と書いてあり、過当な両建預金を防止するよう指導している。「過当」とは「適度を超える」の意で、銀行が貸し手の立場としての優越的地位を利用して、企業の得にならない両建預金を作らせることは過当と言える。なお、歩積預金とは手形割引の際に一部を定期預金にすること。

それでも銀行は、次の3つの理由から両建預金を行おうとします。

1. 銀行が儲けを増やすため

例えば、定期預金の金利が0％、貸出金利が2％だとして、融資3000万円、定期預金1000万円の場合、銀行が受け取る利息は年間で、**3000万円×2%＝60万円**（途中での融資の返済はないものとします）。また、銀行の実質の融資額は、**融資3000万円－定期預金1000万円＝2000万円**。銀行は実質2000万円の融資で60万円の利息を得ており、実質金利は、**60万円÷2000万円＝3%**です。つまり、銀行は本来、利息40万円得られるところ60万円得られ、実質金利は2%から3%に上がります。両建預金を行えば銀行は儲かるのです。

2. 保全を図るため

将来、企業が返済できなくなったときに、残った融資を多く回収できるようにする取り組みが「**保全**」です。融資を行う一方で定期預金を作らせれば、銀行は返済不能に陥った企業の融資と定期預金を相殺することで、一部を回収できます。

3. 支店の業績を上げるため

支店は本部から〈支店全体の融資量の増加〉というノルマを与えられています。ただ融資を2000万円行うより、定期預金1000万円作ったうえで融資を3000万円行うほうが、融資量の増加額は大きくなります。

定期預金を作るだけであればいつでも解約できますが、融資を受けている会社が定期預金を解約しようとすれば、窓口や担当者によって抵抗にあいます。また、銀行は、いざとなれば銀行取引約定書や金銭消費貸借契約書の条項をもとに、融資の**期限の利益**を喪失させ、融資と定期預金とを相殺することが可能です。「期限の利益」は〈決められた返済スケジュールどおりに返済すればよい〉という企業側の利益で、それが喪失となれば、銀行は企業側に一括返済を迫ってくるでしょう。つまり、普通預金や当座預金であればATMでいつでも引き出せますが、定期預金では企業は預金を自由に使いづらくなるのです。[*2]

*2 銀行が企業に定期預金を作らせるだけでなく、その定期預金を担保に入れさせることもあります。この場合、企業が将来、担保を外そうと銀行に交渉しても、融資を全額返済しなければまず外してくれません（つまり、たんに定期預金を作るだけでなく、担保に入れることにより定期預金の拘束力は高まることになる）。さらに、両建預金に見えないよう、もともと企業に預金が多くあれば、事前に定期預金を作らせ、その後に融資を行うというテクニックを使おうとする銀行員もいます（これは実質は両建預金と言える）。

融資申し込み後に「定期預金を○○○○万円入れてもらえれば、融資しますよ」と言われた場合は、「**両建預金をやってはいけないと金融庁が言っていると何かの記事で読んだのですが…**」などと言って、ちゃんと知識がある社長であることを銀行員に分からせ、無駄な利息を支払う両建預金付融資ではない普通の融資を受けたいものです。

《ポイント》**両建預金は金融庁によって原則禁止と指導されている。銀行員が両建預金を持ちかけてきたら、金融庁による監督指針の存在を持ち出そう。**

第5章 融資の審査後に…こう言われた

050

「次の融資は難しいですよ」「これが最後の融資と思ってください」

○予防線を張るひとこと

銀行に融資を申し込んで審査は通った。しかし、担当の銀行員から「次の融資は難しいですよ」「これが最後の融資と思ってください」と言われることがあります。

「次の融資は難しい」と言われた会社は、業績や財務内容に問題があり、今回の融資も審査が通るかどうかギリギリだったのでしょう。しかし、融資を行わなければ資金繰りは回らなくなり、会社は存続できなくなります。

この場合、担当者が上司や支店長に、さらには支店長が本部に、審査を通すよう稟議書だけでなく直談判（じかだんぱん）することもあります。それで審査が通ることもあるのです。

このような場合、〈今後また融資を申し込まれても、審査が通らない可能性が高い〉ことを社長に伝えておいたほうがよい、と銀行員は考えます。次も自分の銀行をあてにしないよう予防線を張るために、銀行員は「次の融資は難しい」と言うのです。

このように言われた場合、企業としては次の２つの動きをとるべきでしょう。

1. なぜ次の融資が難しいのか銀行員に聞く

「次の融資は難しい」と言われた場合、業績や財務内容が問題とされていることが多いものです。しかし、ただ思い込むだけでなく、思い切って銀行員に「なぜ次の融資が難しいのですか」と聞いてみましょう。

理由が分かったら改善していきます。

例えば、「貴社は債務超過（貸借対照表の純資産がマイナス）です。今回は本部にかけあって、なんとか審査を通しましたが、次は難しいです」と言われた場合。債務超過を解消するために増資をする、利益を多く上げるなど、対策を考えて動きます。問題が改善されることで、次も融資を受けられるようにしたいものです。

2. 他の銀行の融資方針を探る

他の銀行でも、自社に対し〈どのような融資方針なのか〉確認しましょう。融資方針とは、銀行が自社に対する融資に〈積極的か／消極的か〉ということです。各銀行の融資方針を探るために、早い時期に各銀行で融資を申し込んでみるとよいでしょう。

このような動きをしても、問題が改善できなかった、かつ、他の銀行でも融資方針が消極的であった場合にはどうすればよいでしょうか。

そのときには「次の融資は難しい」と言われた銀行で、一定の期間をおいてから新たに融資を申し込んでみます。それで融資が受けられなければ、そのままでは既存の融資の返済を続けることで、やがて資金不足に陥ります。銀行へ返済の減額・猶予（リスケジュール）を交渉すべきです。

《ポイント》**「次の融資は難しい」と言われたのなら、理由を銀行員に聞くとともに他の銀行の融資方針を探る。**

051

「長期をご希望でしたが、短期の融資でお願いします」

銀行に融資を申し込んで、審査の結果「短期の融資でお願いします」と言われることがあります。銀行の融資では、返済期間1年以内を**短期融資**、1年超を**長期融資**と区別します。例えば、返済期間5年を希望して審査の結果「1年返済でお願いします」と言われた。もしくは短期融資とまではいかなくても「返済期間5年は無理なので3年でお願いします」と言われた。このように希望の返済期間を短くされた場合、どのようなことが起こっているのでしょうか。2つの場合に分けて考えてみます。

1. 新規の銀行で融資を申し込んで希望より返済期間を短くされた場合

銀行は、過去に融資した実績のある既存先の会社より、初めて融資を行う新規先の会社に対しては融資審査を慎重に行うものです。

既存先では今まで融資を返済してきた実績がありますし、また銀行が長い間その会社を見てきたことで、会社の特徴や問題点、業績や財務内容、資金繰り状況などが詳しく分かっています。一方、新規先では返済実績はありませんし、決算書や試算表で業績・財務状況が分かったとしても、長い間、見てきたわけではないので表面的な状況しか分かりません。決算書や試算表が粉飾されていることもありえます。

また、新規の銀行と取引しようとする会社は、今まで融資を受けてきた銀行で新たに融資を受けられなかったために、新規の銀行から融資を受けようとすることが多いものです。既存の銀行が融資を出せない問題点を抱えているのに、新規の銀行ではそれを見抜きづらい状況もあります。

そこで新規の銀行は、長期の返済期間を希望して融資を申し込まれても、返済期間を短くして融資を行い、きちんと返済されるか様子を見ようとします。新規の銀行から融資を受けるときに返済期間1年以内とされることが多いのは、このような理由があります。銀行は、返済期間が短いほうが早く回収できるため、貸し倒れのリスクも小さくなります。

「希望どおりの返済期間とならなかったから」と融資を断るのは得策ではありません。短期の返済期間であったとしても資金は確保できますし、また今回の融資を返済していくことで返済実績をつけられ、次回は長期融資を受けられる可能性が出てくるからです。

2. 既存の銀行で融資を申し込んで希望より返済期間を短くされた場合

今まで融資を受けてきた銀行で、希望より返済期間を短くされる場合もあります。もし前回までは長い返済期間の融資を受けられていたのであれば、銀行から警戒されている可能性が高いです。過去に比べて業績や財務内容が悪化していないか確認してみてください。

業績や財務内容が悪化して今までのように長期融資は出せないが、一方で融資を出さないと会社の資金繰りが回らず存続が困難となる場合、銀行は返済期間を短くして融資を出すことがあります。短期返済とした融資を出し、回収を早くすることで貸し倒れリスクを小さくするのです。

この場合も、「希望どおりの返済期間でなかったから」と融資を断るのは、先ほど同様、得策ではありません。短期返済であったとしても資金は確保できますし、業績や財務内容を改善していけば、次回は長期融資を受けられる可能性が出てくるからです。

《ポイント》**長期融資の希望が短期とされてしまった場合でも、融資を断るのは得策ではない。融資を受け、次は長期融資を受けられるよう取り組んでいく。**

052

「金額は○○○○万円となります」

（希望額に届かない金額）

銀行に融資を申し込んで、希望金額から減額されたが審査が通った。

例えば、希望金額3000万円で融資を申し込んで、2000万円に減額されて審査が通った。前項「長期をご希望でしたが、短期の融資でお願いします」と言われた場合と同様、希望の融資条件より悪い条件で審査が通った場合です。何が起こっているのでしょうか。２つの場合に分けて考えてみます。

1．新規の銀行で融資を申し込んで希望金額より減額された場合

前項でも述べたように、銀行は過去に融資した実績のある既存先の会社より、初めて融資を実行する新規先の会社に対しては融資審査を慎重に行うものです。新規先の会社では既存先の会社より、銀行が得られる情報が少ないからです。銀行が新規先の会社からだまされる（例：決算書を粉飾して赤字を黒字に見せる／売上を何倍にも多いように見せる）こともよくあります。新規先の会社ではなかなか見抜けません。そこで銀行は、新規先の会社に対し、融資を小さい金額で出してきちんと返済されるか様子を見ることが多いです。金額が小さければ、貸し倒れとなっても少額で済みます。

このときも、「希望額でないから」と融資を断るのは得策ではありません。減額されたとはいえ資金は確保できますし、今回の融資を返済していくことで返済実績をつけられ、次回はもっと大きい金額で融資を受けられる可能性が出てくるからです。

2．既存の銀行で融資を申し込んで希望金額より減額された場合

今まで融資を受けてきた銀行で希望金額より減額された場合、次の２

つの理由が考えられます。

Ⓐ「業績や財務内容が悪化したことで銀行から警戒されている」

Ⓑ「過去の融資金額のピークを超えないように調整された」

Ⓐの理由であれば、今後は融資が出づらくなることが予想されます。融資が出るとしても金額は小さくなり、業績や財務内容がさらに悪化すれば、新規の融資が出なくなることもあります。

Ⓑの理由の場合、次のようなことが起こっています。1年半前に融資を実行し、その時点で銀行からその会社への融資残高は5000万円となり、過去のピーク（過去最高）の融資残高となった。そこから今まで返済が進み、現在の融資の残高は3000万円。ここで3000万円の融資を申し込んだ。希望どおりの金額で融資を出すと、3000万円＋3000万円＝6000万円と、過去のピーク時の融資残高5000万円を超えることになる。そこで2000万円に減額されて審査が通った。

Ⓑの理由であれば、銀行から警戒されているというより、過去のピークに比べて融資残高が超えないように〈調整された〉ということです。業績や財務内容が優良で銀行が積極的に融資を行っていきたい会社であれば、ピーク時の融資残高を超えても融資を行いますが、〈そこまでの会社とは見られていない〉のでしょう。なお、過去のピークの融資残高は、3～5年前から今までの期間のなかで見られ、プロパー融資と保証付融資で分けて見られることが多いです。

希望の融資額から減額されて審査が通った場合、ⒶとⒷどちらの理由であるかについては、担当の銀行員に「**減額されても融資が出るだけありがたいですが、減額された理由は何でしょうか**」と聞いてみるとよいでしょう。

Ⓐの理由であれば、銀行からの警戒が強くなれば、今後は融資が出なくなることもありえます。経営改善にすぐ取り組まねばなりません。

Ⓑの理由であれば、業績や財務内容を改善していけば、今後は過去のピークの融資残高を超えて、融資を受けられることも期待できます。

どちらの理由であれ、「希望額でないから」と融資を断るのは得策ではありません。減額されたとはいえ、資金は確保できますし、業績や財務内容を改善していけば、希望どおりの金額で融資を受けられる可能性が出てきます。

《ポイント》**「希望どおりの金額ではなかったから」と融資を断るのは得策ではない。融資を受け、次は希望どおりの金額で融資を受けられるよう取り組んでいく。**

053
「取締役で問題がある人がいます」

銀行に融資を申し込んだところ「取締役で問題がある人がいます」と言われ、審査が通らないことがあります。特に信用保証協会の保証付融資で、信用保証協会から言われることがあります。

取締役の問題とは、次のようなことです。

例1「取締役が反社会的勢力[*1]である」

*1 暴力やおどし、だましなどで過当な要求をすることにより、利益を得ようとするグループのこと。「はんしゃ」と略称されることもある。

例2「取締役が別会社の取締役にもなっていて、その会社が融資を返済できず銀行や信用保証協会に貸し倒れを出させた、もしくはリスケジュールした」

社長自身に問題がなくても、取締役に問題があるために融資が受けられなければ、たまったものではありません。

対応策は、その取締役を取締役から外したうえで、銀行や信用保証協会に説明するしかありません。それでも元取締役が経営に引き続き関与していることを疑われ、その後も融資が受けられないことがあります。

このように、取締役の問題により自社が銀行から融資を受けることに支障が出ることがありますので、新たな取締役を就任させるにあたっては、素性(すじょう)や経歴、別会社での取締役就任の有無などを必ず確認してください。

なお、別会社で取締役に就いている場合、その会社で今は融資を正常に返済していても、将来、返済できなくなることもあります。

別会社で取締役に就いている人を自社の取締役に就任させることは、慎重に考えたいものです。

取締役が別会社の取締役にもなっていて、その会社の資金繰りが悪化し返済できなくなった場合、自社の融資審査にも影響が出てしまう理由は、自社が融資を受けてその別会社に資金を流そうとしているのではないかと警戒されるからです。

なお、融資の審査が通らない理由を「取締役で問題がある人がいます」と言って銀行員が教えてくれるのならまだよいですが、教えてくれないこともあります。その場合はただ審査が通らないだけで理由が分からず、対処のしようがありません。審査が通らない理由を、銀行員から粘り強く聞き出すようにしていきましょう。

《ポイント》**取締役の問題で融資審査が通らないことがある。自社に取締役を就任させるにあたっては、慎重に経歴などを調査・考慮したい。**

054

「融資実行後、その資金をいったん全部、外に出してください」

信用保証協会の保証付融資を受けたとき、その全額をいったん外に出すよう銀行員から言われることがあります。例えば、2000万円の融資を受けたら、仕入先や経費支払先などへ振り込むことにより、もしくは自社名義の他の銀行の預金口座へ移すなどで2000万円分、流出させるということです。

なぜ銀行員はこのような要求をしてくるのでしょうか。この場合、融資の資金使途は「仕入れや諸経費、給与の支払い」「買掛金の決済」といった運転資金となっています。融資で得た資金を資金使途どおりに使い切ったら問題ありません。資金使途とは違うことに使ったら資金使途違反として問題になり、それが保証付融資であれば、資金使途違反をした融資が完済となるまで、信用保証協会から新たな保証は受けられなくなります。

「仕入れや諸経費、給与の支払い」「買掛金の決済」といった運転資金を資金使途とした場合、本当に**仕入先や経費支払先などへの振込で使い切ったか**見られます。特定の取引先A社へ支払うことを資金使途として申し出た場合はA社へ振り込んだかを見られますが、一方、取引先を特定せず「仕入れや諸経費、給与の支払い」「買掛金の決済」といった運転資金を資金使途とした場合、いろいろな仕入先や経費支払先などへの振込で使い切ったかを見られます（次ページ上の囲みの例参照）。自社名義の他の銀行の預金口座へ預金を移す場合も、そこから仕入先や経費支払先などへ振り込むという想定で、資金使途どおりに資金を使ったものと見られます。

このように、銀行は保証付融資を実行したら、仕入先や経費支払先へ振り込んだ場合でも、もしくは自社名義の他の銀行の預金口座へ預金を

例　8月に2000万円を融資実行した場合（返済はしばらくないものとする）

7月末……………………………………………預金残高**1000万円**
8月　　融資実行　2000万円入金
　　　　仕入・経費　1200万円支払**（すべて融資実行後支払い）**
　　　　売上等　1300万円入金
8月末……………………………………………預金残高**3100万円**
9月　　仕入・経費　1100万円支払
　　　　売上等　1200万円入金
9月末……………………………………………預金残高**3200万円**

⇒仕入・経費の支払いで8月に1200万円、9月に800万円使ったところで合計2000万円となり、使い切ったことになる。

移した場合でも、それで融資額以上の支払いが行われたら、資金使途どおりに資金を使ったとみなすのです。

保証付融資で出た資金が、資金使途どおりに使われたかを銀行が最後までチェックせず、それで資金使途違反と見られた場合には、きちんとチェックしていなかったことが原因で資金使途違反が起こったとして、銀行は信用保証協会から責任を問われます。そうなると将来、企業が返済できなくなり、銀行が信用保証協会に代位弁済を行うよう要求しても、信用保証協会から否認されてしまうことになりかねません。

こういった事態を防ぐため、資金使途どおりに資金が使われているかを銀行は記録に残しています。「仕入れや諸経費、給与の支払い」「買掛金の決済」といった運転資金が資金使途であれば、融資が出てからその資金が全部使われるまでの入出金の記録を残しているのです。

《ポイント》**銀行員から「融資実行後に資金をいったん全部、外に出してほしい」と言われるのは、「仕入れや諸経費、給与の支払い」「買掛金の決済」といった運転資金を資金使途とした融資で、資金使途どおりに資金を使った記録を残すため。**

055

「(設備資金にて)融資実行後、その場で振り込んでください」

設備資金とは、企業が事業を行っていくなかで必要となる設備を購入したり建築したりするにあたり必要な資金のことです。例えば、土地・建物、機械、車両、什器(じゅうき)備品を購入・建築するための資金です。

設備投資には多額の資金が必要ですが、銀行から融資を受けることで確保できます。

銀行へ融資を申し込む際、資金使途を銀行に伝えますが、設備資金は資金使途の一つです。融資で得た資金を、銀行に伝えた資金使途とは別のことに使うことは資金使途違反といって、それが銀行に分かると問題となります。特に信用保証協会の保証付融資で資金使途違反が分かると、その融資をすべて返済しなければ信用保証協会から次の保証を受けられなくなります。

設備資金の融資を申し込む際、銀行に設備の見積書や契約書を提出して、何の設備を購入するのか、金額はいくらか、購入先はどこか、伝えます。その後、審査が通り自社の預金口座に資金が振り込まれたら、すぐに設備の購入先に振り込むよう銀行から言われるのが普通です。

〈融資実行日当日に、社長が銀行に来店してから融資を実行し、その場ですぐに振り込んでもらう〉、もしくは〈銀行が企業から事前に振込依頼書を預かり、融資実行後すぐに振り込む〉などの方法があります。

融資実行後すぐ振り込ませる理由は、購入先以外のところに振り込んだり、購入先に振り込まず預金を置いておき、その後の運転資金に使われたりすることを防ぐためです。また、すぐの振込に加えて、購入先から領収書をもらって提出するよう銀行から言われることもあります。

○決算書や固定資産台帳で設備の確認をされることも

また銀行ではその後、決算期をむかえて作成される新たな決算書、それに付随して作成される**固定資産台帳**を見て、融資で得た資金で購入しているはずの設備がきちんと掲載されているか、確認します。

例えば、価格200万円の車両を、自動車販売業者に頼んで500万円で見積書を作成してもらい500万円で融資を受け、後で300万円を自動車販売業者から返金してもらい運転資金にあてようとする社長もいます。固定資産台帳を見て、車両の取得価額が200万円となっていれば、銀行は疑問に思い社長に問いただします。そこで資金使途違反がバレます。

運転資金もあわせて借りたいのであれば、融資を申し込む際に資金使途を設備資金200万円、運転資金300万円として銀行にしっかり伝えるべきです。それを面倒くさがり、見積書を本来の代金に上乗せして作ってもらい、後で一部返金してもらうようなことを考えてはいけません。

《ポイント》**設備資金で融資実行後すぐに設備の購入先に振り込ませるのは、資金使途違反を防ぐため。**

column 銀行員の日常のひとこま⑤

銀行員は支店長を目指す

銀行に入行したら、出世しなくてよいと思っているのでないかぎり、支店長になることを目指すものです。支店長まで出世できる人は同期入社の中で10人に1人の狭き門。それまで融資係や営業係の長→副支店長（次長）と出世していき、いよいよ支店長になります。早ければ40代前半で支店長になれるものですが、大半の銀行員は支店長まで出世できず銀行員生活を終えることとなります。

一般の企業と同じように銀行でも人事評価が行われ、支店長や上司から評点をつけられます。銀行にもよるでしょうが、私が働いていた銀行では評点は教えられませんでした。しかし、昇給や賞与の金額において同期のなかで微妙に差がつき、それで自分がどう評価されているか分かったものです。

例えば、同期で1年目の基本給は同じでも、2年目の昇給で100円の差がついたりします。その微妙な差が実は大きな差で、その差が年々開いていき、早く出世できる銀行員、いつまでも出世できない銀行員に分かれていきます。

支店のなかで支店長は別格な存在です。副支店長以下に対してはヒラの行員が気を使わず言いたいことを言えたとしても、支店長に対しては気を使いおとなしくなる銀行員は多いものです。

しかし、支店長には支店をうまく運営する大きな責任があります。それに失敗し支店長を1つの支店だけ務めてすぐ出向させられたり、銀行のなかにとどまったとしても閑職に追いやられたりする銀行員もいます。

第6章

銀行担当者との日常会話でこう言われた

056

「借り換えにより他行の融資を返済し、金利を低くしませんか？返済負担をラクにしませんか？」

銀行員が「他行（他の銀行）の融資を借り換えしませんか？」と提案してくることがあります。「今の融資より金利を低くしますよ」「長い返済期間で借り換えることで返済負担がラクになりますよ」とメリットを強調してきます。

例えば、A銀行で残高1500万円、残り返済期間30カ月、月返済額50万円、金利2.0％の融資があったとします。

この融資の借り換え分も含めて、B銀行は2000万円、返済期間60カ月、月返済額33万円、金利1.5％で提案します。ここで他行の融資を借り換えするB銀行のメリットは次のとおりです。

①借り換えのメリットを強調することで単なる融資の提案よりも企業が融資を受けたい気持ちが起こりやすくなる

②500万円融資するより、A銀行分の借り換え分も含めて2000万円を融資するほうがB銀行は融資量を増やせる

③借り換え後、その会社に対するA銀行の融資総額よりB銀行の融資総額のほうが上回れば、B銀行はメインバンクとなることもでき、B銀行はその会社との取引を深められる

借り換えの提案を受けた社長から見れば、金利が下がり、毎月の返済額も下がり返済がラクになるのであれば、一見、メリットがある良い提案だと思えます。しかし、デメリットもあります。他行の融資を借り換えるデメリットは次のとおりです。

①借り換えされるA銀行との関係が悪化する

②借り換えされるA銀行がメインバンクであり、借り換えることでB銀行がメインバンクとなれば、B銀行が今後、メインバンクとして自社に対し融資を積極的に行ってくれるかどうか未知数である

特に、今まで融資を受けてきたA銀行との関係が悪化するのは気になります。A銀行としては、その会社との取引を解消しようと元々考えていたのでないかぎり、自分の銀行の融資を他の銀行に借り換えられてしまうことにいい気はしません。社長に裏切られた、という感情がわくこともあります。

その結果、借り換えられた銀行は、その会社への融資にその後、消極的になってしまうこともよくあります。

このように考えると、他の銀行の融資を借り換えることは、借り換えられるほうの銀行から今後は融資を受けなくてもよいのでないかぎり、行うべきではありません。

しかし、B銀行からのせっかくの提案をムダにしたくない場合もあります。この例では、B銀行は2000万円を融資することでA銀行の1500万円の融資を返済しましょうと提案していますが、B銀行からすれば2000万円の融資を受けてもらえれば、その資金でA銀行の1500万円を一括返済するかどうかはどちらでもよいはずです。借り換えしようとしなかろうと、B銀行としては2000万円の融資を行うことに変わりないのですから。

借り換えではなく、B銀行から単に2000万円の融資を受けるのであれば、問題ありません。

《ポイント》**他行の融資を借り換えることで、借り換えられた銀行を怒らせることになる。借り換えられた銀行との関係悪化を望まないのであれば、借り換えは避けるべき。**

057

（新規の銀行から）「今後の取引のためにも今回は融資を受けてください」

支店で働く銀行員の多くは営業目標に負われています。銀行では本部から支店に営業目標が割り振られ、支店では支店長や営業係長からテラー（窓口係）や営業係（得意先係）に営業目標が割り振られます。

営業目標の種類にはいろいろありますが、新規融資先の獲得はその一つです。あなたの会社に新規の銀行が営業に来るのであれば、その銀行員は新規融資先獲得のために営業に来ているのです。

次のようなことがありました。ある会社に新規の銀行が営業してきて、社長に「500万円、借りてもらえませんか」と言ってきました。

この500万円がプロパー融資であれば借りてもよかったでしょう。金額は500万円と少額かもしれませんが、融資を受け返済実績をつけることで、その銀行からもっと大きな金額の融資を受けられるように今後なっていくことが期待できます。しかし、この銀行員は「定期預金500万円を事前に作って担保に入れてほしいです」と言ってきました。

定期預金500万円を作って担保に入れたうえで融資を受ければ、この会社としては〈自分の預金を自分に貸す〉ことと同じです。それで利息を銀行に支払うのであれば、企業にとっては損でしかなく、何をやっているのか分かりません。

社長は当然、断ったのですが、銀行員が次に言ったことは「今後の取引のためにも今回は融資を受けてください」です。あたかも今回、融資を受けておけば、今後は企業にとって理想的な融資を受けられるようになるという言い方です。

しかし実際、このようなことを言う銀行が、後に企業にとって理想的な融資を出すことはなかなかないものです。そのような融資を出せるなら、今回、出せるはずです。銀行員のこの誘導に惑わされず、社長は「プロパー融資なら受けます。融資と同額の定期預金を担保に入れるのは、弊社にとって意味がないので融資は受けません」と断りました。

この事例のように〈銀行の得、企業の損〉にしかならないことを社長に気づかれにくい言い方で銀行員が言ってくることはよくあります。銀行員の提案を聞く社長としては、銀行員が言ってくることの真のねらいは何かを考える習慣をつけるべきでしょう。

この事例では定期預金担保ですが、信用保証協会の保証付融資でも同じです。保証付融資を受けるのなら、今、融資を受けている既存の銀行からで十分です。新規の銀行から融資を受けるのなら、企業にとってメリットがあるべきです。

新規の銀行からプロパー融資を受けられるのであれば、それはプロパー融資を受けられる銀行を増やすことを意味するので企業にとってメリットです。

なお、保証付融資でも将来、企業が返済できなくなったときに銀行は貸し倒れの20%（制度によっては0%）は負担します。それでも保証付融資は、銀行にとってはリスクを大きく抑えられるものですから、新規の銀行からはできる限り保証付融資ではなくプロパー融資を受けるようにしましょう。

《ポイント》 **銀行員から「今後の取引のためにも」と言われても、社長は心を動かさず冷静に考えるべき。銀行員と話をするときは、銀行員の言うことの真のねらいは何かをつねに考える習慣をつけよう。**

058

（3月末・9月末に）

「1週間だけでよいので借りてください」

銀行から融資を受けていると、3月末・9月末に、銀行への営業協力として「融資を増やしてほしい」と頼まれることがあります。

銀行員が融資量の増加という営業目標に特に追われる時期は、3月と9月です。銀行では半期ごとに営業目標が割り振られます。銀行の**決算期は3月、半期では9月**なので、期末・半期末の融資量の残高を大きくするために3月・9月は追い込みの時期となります。

〈利息は1日単位で加算される〉ので、平均残高※のほうが、銀行の収益のもととしての融資量を表すのに適します。一方、期末残高※も、それが大きければ翌期からの平均残高に寄与しますし、対外的には期末残高でその銀行の融資量を表すので見栄え（みば）的にも良いです。銀行は、平均残高、期末残高、両方を営業目標としています。

※融資量の考え方には〈平均残高〉と〈期末残高〉、2つの考え方があります。**平均残高**の場合、例えば2021年4月～9月の平均残高を出すのであれば、4月1日～9月30日の1日ごとの融資残高を、その期間の日数（30＋31＋30＋31＋31＋30＝183日）で割って算出します。一方、**期末残高**はたんに9月30日もしくは3月31日の残高のことです。

本来、期初の4月・10月に融資を大きく増やせば、その期の平均残高は大きくなりやすいものですが、4月・10月は前の期が明けた直後であり、銀行員はホッとして気が緩（ゆる）んでいる時期です。それよりも3月・9月のほうが、期末残高を大きくするために銀行員が融資を大きく増やそうとします。

そのため、ふだんは融資審査がなかなか通らない会社でも、3月・9月の時期は融資が通りやすくなります。本来、時期によって審査の基準が変わることはあってはならないものですが、支店長が決裁できるだけの融資金額に抑えて支店長が審査を多少ゆるくして決裁したり、本部で決裁する融資案件でも支店長が本部へ交渉し、ゴリ押しして審査を通したりすることが多くなります。営業目標を達成しようと活動するのは支店内の営業係ですが、支店長は自分の支店の営業成績が、直接、自分の評価や賞与に影響してきます。

銀行員が融資量の増加に躍起（やっき）になる3月・9月を利用して融資を受けることによって、あなたの会社は、その銀行での融資実績をつけることができるわけです。銀行は融資先企業ごとに融資残高を毎月、集計しており、過去に実績のある融資残高まではその後も新たな融資を行いやすくなります。この時期に銀行から多くの融資を受けておけば、その後の融資審査も有利になりやすくなるでしょう。

プロパー融資を銀行からなかなか受けられない会社であれば、**この機会にプロパー融資を受けて実績をつける**のも一つの手段です。ふだんはプロパー融資を行ってくれない銀行でも、この時期は支店長決裁でプロパー融資を行ってくれることもあるものです。プロパー融資を受けた実績をつけておけば、その後もプロパー融資を受けやすくなります。銀行員が3月・9月に営業協力として融資の増額を持ちかけてきたら「プロパー融資なら協力するよ」と言ってみてはどうでしょうか。今まで保証付融資しか受けられなかった銀行でも、プロパー融資を行ってくれるかもしれません。

なお、銀行員は3月末・9月末に企業に融資を受けてほしいとき、「**1週間だけでもよいので借りてください**」と、企業の利息負担が少なくなるよう気を使って、短い返済期間で融資をお願いしてくることが多いものです。しかし、せっかくですから「長い返済期間で融資を出してくれないか」交渉してみてはどうでしょうか。それで融資を受けられれば、長い期間で返していけばよいので預金は潤沢になりますし、一方、「短い返済期間しかできない」と言われても、その条件で融資を受けることで実績をつけられます。

《ポイント》 **3月末・9月末に銀行員が営業協力として融資を受けるよう依頼してきたら、逆手にとって融資の実績をつけるきっかけにしよう。**

059

「新しい決算書を提出してください」

あなたの会社が銀行から融資を受けている場合、次の融資を申し込むタイミングではなくても、決算期がすぎたあと銀行員から「新しい決算書を提出してください」と言われることがあります。

この場合、決算書を提出する義務が企業にはあります。融資を受けているなら、その銀行と銀行取引約定書や金銭消費貸借契約書を交わしていますが、条項のなかに次の一文があります。

「甲(融資を受けている会社)は、貸借対照表、損益計算書等の甲の財務状況を示す書類の写しを、定期的に乙(銀行)に提出するものとします。」

銀行が、決算期がすぎるごとに新しい決算書の提出を要求してくるのは、この条項が根拠となっています。もしこの要求に従わなかった場合には、次の条項があります。

「甲について次の各号の事由が一つでも生じた場合には、乙からの請求によって甲は乙に対するいっさいの債務について期限の利益※を失い、直ちに債務を弁済するものとします。……甲が乙との取引約定に違反したとき。……」

※「期限の利益」とは、決められた返済スケジュールどおりに返済すればよいという企業側の利益であり、それが喪失となれば企業は銀行に一括返済しなければなりません。つまり、決算期がすぎ新しい決算書を銀行に提出しないとしたら、銀行は本気になれば融資の全額返済を求めることができるのです。

融資先企業から新しい決算書を提出されたら、銀行では信用格付をつける作業を行います。決算書の内容や定性要因(社長の能力、業界の成長性、企業の技術力や販売力など数字では表されない部分)により信用格付がつけられ、それをもとに銀行はその会社への今後の融資方針を決めます。

融資方針とは、その会社へ積極的に融資を行うか、現状維持程度に融資を行うにとどめるか、あるいは新たな融資をせず融資残高を減らしていくかなどの方針です。

○新しい決算書を提出する機会を利用して自社をアピールする

決算書は、銀行員に言われてから提出するのではなく、新しい決算書ができたらすぐに企業側から自主的に提出したいものです。新しい決算書を見て、次の融資の提案ができないか考えてくれる銀行員は多いです。

また新しい決算書の提出は、自社を支店長へアピールできる機会ともなります。新しい決算書ができたので決算書の内容を説明したい（決算報告）と申し出て、支店長と面談するようにします。ふだんはなかなか会えない支店長でも、1年に1回の決算報告では会ってくれることが多いものです。担当者に支店長との面談を依頼しましょう。

決算報告では決算書の内容の説明とともに、前期決算の内容が悪ければその要因とどう経営改善していくか伝えます。またこの機会に自社の商品やサービスをアピールしたり、経営計画書を作って説明することで、今後、どのように経営していくつもりか伝えたりできます。

支店長は融資のキーマンです。支店長は融資の決裁者であったり、本部が決裁者となる場合でも支店長が通してくれなければ本部に稟議書が回らなかったりします。支店長に自社のことを知ってもらい、好印象を持ってもらうことは、今後、融資を受けやすくするためには重要なのです。

《ポイント》**決算期が過ぎたら新しい決算書を提出する義務があり、それを拒(こば)むことはできない。むしろ決算書を提出する機会を利用して自社をアピールしよう。**

060

「試算表を提出してください」

あなたの会社が銀行から融資を受けている場合に、ちょうど次の融資を申し込んでいるというようなタイミングでなくても、銀行員から「試算表を提出してください」と言われることがあります。また、定期的に試算表の提出を銀行から要求される会社もあります。

試算表とは、前期の決算の後、今期ここまでの損益と資産負債状況を表したものです。試算表では今期の途中経過の損益計算書・貸借対照表が表されます。1年に1回作られる決算書では、前期の業績や財務内容が分かりますが、今期ここまでの業績は試算表でしか分かりません。今期ここまでの業績を見るために、銀行は試算表の提出を要求してくるのです。

融資を申し込んでいないのに銀行から試算表を要求される場合、銀行員が考えていることは、次の2つのうち、いずれかです。

1. 業績を定期的にチェックする必要がある

業績や財務内容が悪い会社は、特にこの理由で銀行から試算表を要求されます。業績が悪ければ資金繰りは厳しくなり、融資を返済できなくなる可能性が高まります。企業の業績を注視するために、銀行は定期的に試算表を要求するのです。

また、融資の返済を減額・猶予（リスケジュール）している会社であれば、それを行ったときに提出した経営改善計画書どおりに経営が改善されてきているかを銀行は見る必要があり、定期的に試算表を要求します。

2. 新たな融資の提案をしようとしている

銀行員が企業に新たな融資を行いたいと考えたとき、最近の業績を見るために試算表の提出を要求することがあります。前期の決算書と試算表を見て、融資の審査が通る可能性があると思われれば、社長に融資の提案を行います。

試算表は、毎月、仕訳入力していれば、会計ソフトからすぐに取り出すことができるものです。一方、銀行が試算表を要求してきてから顧問税理士に試算表の作成を依頼する社長もいますが、試算表は本来、社長が今期ここまでの損益、前月単月での損益を把握し、経営を振り返り、今後どのように経営していくかを考える際の資料となるものです。

銀行から要求されたときに税理士に頼んで試算表を出してもらえばよい、このような意識の社長は問題です。試算表を毎月作成し、社長が経営を振り返る。そして、いつでも銀行に試算表を提出できるよう、毎月、仕訳入力を行うようにすべきでしょう。

《ポイント》 **融資を申し込んでいるとき以外にも銀行が試算表を要求してくるのは、〈業績を定期的にチェックしたい〉もしくは〈新たな融資の提案をしたい〉という理由からである。**

061

「いつでも融資しますよ」

銀行員から「いつでも融資しますよ」と言われている。この場合、その銀行はあなたの会社に積極的に融資を行っていきたい方針であるということです。

決算期がすぎ新しい決算書を提出したら、銀行ではその会社の信用格付をつける作業を行いますが、あわせてその会社への融資方針も決めています。融資方針とは、その会社に積極的に融資を行うか、現状維持程度には融資を出していくか、融資を出さず残高を減らしていくかという方針です。この方針が融資の審査に大きく影響します。また、銀行員は担当の会社の信用格付や融資方針を頭に入れていて、その方針に沿って、担当先の会社に融資を営業していくかどうか決めています。

積極的に融資を行っていきたい会社に対しては、銀行員は次のような行動をとる傾向にあります。

- 自社によく訪問してくる
- こちらから融資の相談をしなくても銀行から融資を提案してくる
- 信用保証協会の保証付融資だけでなくプロパー融資も提案してくる
- 低い金利の融資を提案してくる

銀行員から「いつでも融資しますよ」と言われているのであれば、積極的に融資していく方針なのでしょう。他の銀行も同じようであれば、銀行間で競争をさせることで、より条件の良い融資を受けられるようにしていきたいものです。

条件の良い融資とは次のような融資です。

- プロパー融資
- 担保を入れない無担保の融資
- 金利が低い融資
- 返済期間が長い融資
- 社長も連帯保証人とならない無保証人の融資

これら条件の良い融資を行ってもらうには、企業側から銀行へ要望を出すことです。例えば保証付融資のみ受けてきた会社では、銀行からの次の融資提案も保証付融資となりがちです。企業側から「うちの会社ではプロパー融資は難しいのですか?」と銀行員に聞くことで、融資を受けてほしい銀行員とすればプロパー融資を考えるようになります。

複数の銀行から融資を提案してもらい、より良い条件を出してきた銀行から融資を受け、それを伝えることで他の銀行からの融資条件も良くしていきます。例えば、ある銀行が金利1%を切る融資を出した場合、それを伝えることで他の銀行からも低い金利の融資を受けやすくなります。

《ポイント》 **銀行は企業ごとに融資方針を決めている。「いつでも融資しますよ」と言われるのなら〈積極的な融資方針〉であり、銀行間で競争させて〈より良い条件の融資〉を受けられるようにしていく。**

062

「しばらく融資は出ないです」

銀行員から「しばらく融資は出ないです」と言われている。この場合、その銀行はあなたの会社への融資に〈消極的な方針〉ということです。

すでに何度か述べているように、ある会社が新しい決算書を提出したら、銀行ではそれをもとに〈信用格付〉をつける作業を行います。それとともに、その会社への〈融資方針〉を決めます。

この方針が融資の審査に大きく影響します。銀行員は担当の会社の信用格付や融資方針を頭に入れていて、その方針により担当先の会社に融資を営業していくかどうかも決めています。

融資に消極的な方針といっても、より具体的には〈新たな融資は行わない方針〉の場合もあれば、〈融資は行うものの最低限にとどめる方針〉の場合もあります。

「しばらく融資は出ないです」と言われているのであれば、新たな融資は行わない方針なのでしょう。

この場合、他の銀行ではどのような方針なのか、早急に確認しましょう。他の銀行の融資方針を確認するには、それぞれの銀行の担当者に、

「先日、新しい決算書をお渡ししましたが、
今期も融資を行ってもらえそうでしょうか?」

とまず聞いてみます。

ただ、担当の銀行員は融資できるものと思っていても、実際に審査を行うと、支店長や本部で審査が通らないこともよくあります。

早い時期に実際に融資を申し込んでみると、審査の結果がどうなるか

で、それぞれの銀行の方針が見えてきます。

他の銀行も同じように「しばらく融資は出ないです」と言ってくる場合、もしくは、融資を申し込んでも融資が通らない場合で、既存の融資の返済負担が重いのであれば、返済が進むにつれて預金は減少し、やがては資金不足となります。

この場合、銀行へ交渉して既存の融資の返済を減額・猶予（リスケジュール）してもらうことを検討すべきでしょう。

《ポイント》**「しばらく融資は出ないです」と言われた場合、他の銀行ではどのような方針なのか早急に探るべき。他の銀行でも同様であった場合、既存の融資の返済負担が重ければ、預金は減少し、やがて資金不足となってしまう。それを防ぐため、銀行と交渉し、返済を減額・猶予してもらうことを検討する。**

063

「売上入金をうちの銀行の預金口座に入るようにしてくれないですか？」

融資を受けている銀行から「売上入金をうちの銀行の預金口座に入るようにしてくれないですか？」と言われることがあります。これは言い換えると、売掛先（うりかけさき）に対し、その銀行の預金口座へ振り込むよう依頼してほしいということです。

なぜ銀行員がそのように言ってくるのか、次の3つの理由があります。

1. 融資の保全とするため

将来、融資が返済できなくなったとき、銀行は融資と預金とを相殺できます。また、相殺する前に預金が流出しないよう、企業が返済できなくなる徴候があれば銀行は預金ロック[*1]を行えます。

*1 **預金ロック**……預金口座から他への振込や現金引き出しをできないようにすること。融資と預金の相殺を見すえて、銀行が預金ロックしてくることがあります。預金ロックを行ってくるケースには、〈預金口座や担保に入れている不動産などに外部から差し押さえがあった〉、あるいは〈返済が延滞した〉などがあり、これらの事象は近いうちに融資の返済ができなくなる徴候です。預金口座の残高が多いうちに預金ロックを行えば、その後に融資と相殺できる預金を多く確保できます。このようなことを想定して〈預金口座にふだん多くの預金がある状態を作っておきたい〉と銀行は考えるのです。売上入金が集まれば、その預金口座の残高は高止まりするからです。

2. 銀行の採算を良くするため

例えば、銀行から3000万円、金利2%の融資があり、一方で、その銀行の預金口座に常に2000万円の預金があり預金金利は0%である場合。銀行が得られる利息は融資の返済がないものとして（3000万円×2%＝）年60万円、また実質の融資金額は（3000万円－2000万円＝）1000万円となります。

実質1000万円の融資で60万円の利息となり（60万円÷1000万円＝）6％もの実質金利となります。このように、融資を行う一方で、その会社の預金口座に多くの預金があれば、銀行は採算が良くなります。

3．売上の動きを注視するため

売上の多くを自分の銀行の預金口座に入金されるようにすれば、銀行は預金口座の動きを見て、その会社の売上動向を注視できます。入金が少なくなってくれば、〈売上は減少しているのでは？〉と推測でき、売上減少により業績が悪化することを銀行は早いうちから警戒できます。

企業から定期的に試算表を提出されていても、その試算表は粉飾されているかもしれません。売上入金の動きにより、銀行は実際の売上動向をつかむことができます。

このような3つの理由から、売上の入金を自分の銀行の預金口座に入れるよう、銀行員は依頼してくるのです。

企業としては、銀行員の言うことを聞くことで引き続き融資を行ってくれそうか、考えたいところです。売上の多くをその銀行の預金口座に入るようにすることで、銀行との関係が深まり、今後の融資も期待できるのであれば銀行員の言うとおりにしてよいですが、今後の融資が期待できなさそうなのであれば、銀行員の言うことを聞くメリットはありません。その銀行が自社に今後も融資を行ってくれそうかどうかで判断してください。

《ポイント》**銀行員が「売上入金を自分の銀行の預金口座に入るようにしてほしい」と言ってきたときは、それを行うメリットが企業にあるかどうか見極めて判断する。**

064

「預金残高を常に○○○○万円以上に保ってもらえますか?」

融資を受けている銀行から「預金残高は常に2000万円以上に保ってもらえますか?」というように言われることがあります。

銀行員がこのように依頼してくる場合、次の2つのケースがあります。

①融資の審査を通すにあたり、支店長や本部から一定の預金残高の維持を条件とされた

②融資の審査とは関係なく、銀行員があるとき言ってきた

ここでの預金残高の維持とは、普通預金や当座預金での残高の維持を意味します。定期預金と違い、これらの預金は日常の入出金によって増減するものであり、一定以上の預金残高を常に維持することは実際、難しいものです。

また、銀行でも、預金残高を常に維持するように管理するのは現実的ではありません。銀行からのこのような依頼は、企業に対する協力依頼でしかないものです。

①のケースであれば、ある程度は守らないと次の融資に支障が出てくることがあります。一方、②のケースであれば、銀行員にその理由を聞いてみてください。

例えば、後で述べるように銀行が採算を良くするためであれば、そのような会社が融資審査で有利になることはありますので、できるだけ協力するという考え方もできます。このように自社のメリットになるかどうかで、協力するかどうかを判断しましょう。

○預金残高を一定以上に保つよう依頼する銀行のねらい

預金残高を一定以上に保つよう依頼される場合、銀行では次のようなねらいがあります。前項(063)「売上入金をうちの銀行の預金口座に入るようにしてくれないですか?」と言われた場合と近いので、前項も参考にしてください。

1. 融資の保全とするため

将来、融資が返済できなくなったとき、銀行は融資と預金とを相殺できます。また、相殺する前に預金が流出しないよう、企業が返済できなくなる徴候があれば銀行は〈預金ロック〉を行えます。預金口座の残高が多いうちに預金ロックを行えば、その後に融資と相殺できる預金を多く確保できます。このようなことを想定して〈預金口座にふだんから多くの預金がある状態を作っておきたい〉と銀行は考えるわけです。

2. 銀行の採算を良くするため

融資を行っている会社の預金口座に預金が多くあれば、実質の融資金額(融資金額から預金金額を引いた金額)は少なくて済み、一方で融資金額そのものから計算した利息を得られるので、実質金利は高くなり、銀行の採算は良くなります。

《ポイント》 **銀行員が預金残高を一定以上に保つよう依頼してくる理由を探り、今後の融資審査への影響や自社のメリットを考えたうえで協力するかどうか判断する。**

065

「次の決算では利益を○○○○万円にしてください」

粉飾決算とは、**決算書の内容を実態よりも良く見せた決算書**のことです。

例えば、損益計算書を実態どおり作れば利益は赤字となってしまう場合に、売上を実態よりも多く計上し、逆に仕入や経費を実態より少なく計上することで利益を黒字にできます。

融資の審査では決算書の内容が大きく影響します。赤字であれば審査が通りにくいものですが、黒字に粉飾することで審査が通りやすくなります。決算書を実態どおり正しく作れば赤字となり、融資は受けられないところ、粉飾を行い黒字にして決算書を良く見せて融資の審査を通す。これは銀行に対する**詐欺(さぎ)であり違法**です。実際、粉飾決算で融資を受けたことで、社長が逮捕されたというニュースを見かけることがあります。

しかし、粉飾決算で逮捕されることは、まれなことです。

そもそも、粉飾決算を行っていることを銀行に気づかれないことのほうが多いものです。また、粉飾決算を行っていることが銀行に分かった場合でも、その銀行で新たな融資を受けられなくなるぐらいでとどまることが多いです。

このようななか、銀行員が社長に「次の決算では当期純利益を1000万円以上にしてください」というように言ってくることがあります。銀行員が社長に粉飾決算を勧めるのは大問題であり、それが銀行内で分かったら、**その銀行員は懲戒**されてもおかしくありません。しかし、銀行員のなかには規律意識が低い人もいます。

営業係の銀行員は上から大きな営業目標を与えられています。融資量の増加もその一つです。企業が融資を申し込んでも、審査が通らなかったら融資を行えず、営業目標の達成が遠くなってしまいます。営業係の銀行員は審査を通したいのです。そこで一部の銀行員は「次の決算では当期純利益を1000万円以上にしてください」などと言って、社長に暗に粉飾決算を勧めてしまうのです。

ただ「次の決算では当期純利益を1000万円以上にしてください」という言い方は、**粉飾決算を勧めることを意図していない**と銀行員は言い訳できます。前期が赤字でも経営改善を積み重ねることで次の決算で利益が1000万円以上出る可能性が十分あり、銀行員としてはその意図で言ったと言い訳できます。

「次の決算では当期純利益を1000万円以上にしてください」ということばをどういう意図で言ったのか、その銀行員の頭のなかを見ないとわかりません。ただ、粉飾してでも決算書上は利益があるように見せてほしい、と意図して言うことは実際、多いものです。

一方、社長のなかには粉飾決算を行った後で、銀行に粉飾が見つかったら「担当の銀行員から利益を1000万円以上にするように言われたから、そうしたんだ」と弁解する人もいます。ただ、当の銀行員は「粉飾してほしいつもりで言ったわけではありません。経営改善して利益が1000万円以上になってほしいという意図で言ったのです」と言えますし、実際に粉飾決算を行って融資を受けたのはその会社であり、粉飾決算を主導したのは社長です。社長は銀行から信用をなくし、その会社は今後、融資を受けられなくなるだけです。

《ポイント》**「銀行員から勧められたから粉飾決算を行った」という言い訳は通用しない。経営改善に努め、正しく決算し、良い決算書を出せる会社となるべき。**

066

「定期積金を作ってください」

定期積金(つみきん)とは、積立期間を決めて毎月、掛金を払い込み、満期日にまとまった給付金を受け取る預金商品です。

銀行が「定期積金を作ってください」と言ってくるのは、次の2つの理由があります。

①融資の保全のため

新たな融資を行うにあたり、銀行が定期積金を作るよう言ってくることがあります。この場合、融資の審査で、定期積金を作成することを条件として融資を行うことになったものであることが多いです。

将来、返済できなくなったとき、残った融資を銀行が多く回収できるようにする取り組みを「**保全**」と言います。返済できなくなったときに定期積金の残高が多くあれば、銀行は融資と定期積金とを相殺(そうさい)できます。そこを考え、融資を行うにあたり定期積金を作成する条件がつけられることがあるのです。

なお、定期積金は満期が来たら給付金として受け取れますが、その際に銀行員が「定期積金の給付金で定期預金を作ってほしい」と言ってくることもあります。定期預金は普通預金や当座預金と違い、いつでも引き出せるものではありません。そのため銀行としては、融資を保全するためにその会社に定期預金を作ってもらうことは効果的です。定期積金の満期が来たとき、給付金を定期預金にしてほしいと銀行員が言ってくるのはこのような理由からです。

②毎月、企業に訪問する名目とするため

定期積金の掛け金を払い込む方法には、普通預金や当座預金からの振替、窓口での現金払い込み、営業係が企業に訪問しての集金、などの方法があります。集金の方法では毎月1回、営業係が企業に訪問します。定期積金の集金を銀行の営業係が企業へ定期的に訪問する名目とし、銀行員は訪問時に情報収集や融資などの提案を行います。

特に信用金庫では、定期積金の集金を行うことで企業に定期的に訪問できるようにしていることが多いです。そのため、多くの信用金庫では定期積金の作成件数や金額が営業目標の一つに含まれています。

銀行員が「定期積金を作ってください」と言ってきたとき、①の理由であれば、それが融資を行う条件であるかを聞いてみましょう。定期積金を作らなければ融資を受けられないのであれば、従うしかありません。しかし、定期積金を作らなくても融資を受けられるのであれば、定期積金の作成を断ることができます。融資を受けている銀行で定期預金や定期積金を作ると、後に解約しようとすると抵抗にあうことが多いです。必要がないのにわざわざ作ることはありません。

②の理由であり、銀行との接点を持つために定期的に訪問してきてほしいのであれば、掛け金を少額として作ってもよいのではないでしょうか。

《ポイント》**銀行が定期積金を作るよう言ってきた理由を把握し、その理由によって作るかどうか判断する。**

067

「根抵当権を設定すると、今後はいちいち担保を入れなくてよいですよ」

○根抵当権と抵当権

不動産を担保に入れる場合、〈根抵当権〉と〈抵当権〉の方法があります。

根抵当権とは、銀行が企業に対して出しているすべての融資を包括して担保の対象とするものです。例えば、ある不動産に根抵当権5000万円を設定した場合、既存の融資も今後行われる融資も、5000万円の極度額のなかですべて保全されることとなります。

新たな融資を行うときでもそれ以外のときでも、銀行員が「根抵当権を設定すると、今後はいちいち担保を入れなくてよいですよ」と勧めてくることがあります。

不動産を担保に入れるには、根抵当権以外に、**抵当権**という方法もあります。抵当権では特定の融資のみを担保の対象とします。例えば、新たに2000万円の融資を行い、その融資を対象とする抵当権が設定されると、その2000万円の融資のみ保全されます。その融資が完済されると抵当権は消滅します。

銀行員が「根抵当権を設定すると、今後はいちいち担保を入れなくてよいですよ」と言ってくる表向きの意味は、抵当権であれば融資を受けるごとに毎回、設定しなければならないが、根抵当権であればその必要はないから便利、だから根抵当権を設定してはどうか、というものです。

銀行員からこのように言われた場合、次の2つの見方で考えてください。

①今までの融資も根抵当権で保全される対象となる
②新たな融資の残高が返済につれ減ることで過去の融資も保全されていく

以下、それぞれの見方を具体例とともに解説します。

①今までの融資も根抵当権で保全される対象となる

例えば、現在の融資残高はすべてプロパー融資、無担保で3000万円であるとします。新しい融資2000万円が不動産を担保に入れる条件で出る場合に、銀行員に、

「根抵当権を設定すると、今後はいちいち担保を入れなくてよいですよ。今後の融資も考え、大きめの金額で設定しておいてはどうですか?」

と勧められて、根抵当権を5000万円設定したとします。

この場合、過去に無担保で受けたプロパー融資3000万円も含めて担保の対象となります。無担保で受けた融資を後で担保の対象とするのは、企業にとって損でしかありません。

この例で、銀行員が大きい金額での根抵当権設定を勧めてきた真のねらいは、過去に無担保で出した融資もこの機会に担保の対象とすることだったのです。真のねらいを社長に気づかれないよう、あたかも企業にメリットがあるように「根抵当権を設定すると、今後はいちいち担保を入れなくてよいですよ」と言うのです。

なお、根抵当権を5000万円設定するのではなく、新たな融資と同額で根抵当権を2000万円設定する場合に、一方で不動産の担保価値が5000万円あるとすれば、3000万円の部分(担保価値5000万円−根抵当権2000万円)を**担保余力**と言います。

担保余力は今後、不動産を担保に入れなければ融資を受けられないときに備え、とっておけます。今後に備えて、とっておけるのに、銀行員に誘

導されて根抵当権を5000万円、設定してしまったら、企業にとっては大きな損です。

②新たな融資の残高が返済につれ減ることで過去の融資も保全されていく

例えば、現在の融資残高は1本のプロパー融資（融資は〈1本〉〈2本〉と数えるのが慣例）、無担保で3000万円（当初5000万円、返済期間5年、月83万円返済、これを〈融資Ⓐ〉とする）であるとします。新しい融資2000万円（返済期間3年、月返済55万円、これを〈融資Ⓑ〉とする）が不動産を担保に入れる条件で出る場合を考えてみます。

銀行員に「根抵当権を設定すると、今後はいちいち担保を入れなくてよいですよ」と勧められて根抵当権を2000万円設定した場合は、①の場合とは異なり、過去に受けたプロパー融資の残高3000万円は無担保のままです（厳密に言うと、融資残高合計5000万円全額に対し根抵当権2000万円となり、この3000万円の融資も担保の対象と言えますが、単純化して考えます）。返済が進んで1年後、

〈融資Ⓐ〉の残高は1年間で1000万円 返済され 2000万円

〈融資Ⓑ〉の残高は1年間で 660万円 返済され 1340万円

になったとします。根抵当権は2000万円なので、融資Ⓑの返済が進んだ分、融資Ⓐの残高のうち660万円（根抵当権2000万円－融資B残高1340万円）も保全されたことになります。

銀行にとって根抵当権を設定するメリットの一つは、この例のように返済が進むにつれて、**過去に無担保で出した融資の保全も図れる**ということです。

では一方、根抵当権を2000万円設定するのではなく、特定の融資、ここでは〈融資Ⓑ〉のみを担保の対象とする抵当権で設定する場合はどうな

るでしょうか。

この場合、返済が進むにつれて融資残高は減少し、その分、根抵当権2000万円の場合と比較して担保余力が拡大していきます。根抵当権2000万円よりも、抵当権で設定するほうが企業にとって有利なのです。

○銀行から不動産を担保に入れるよう言われたときの考え方

銀行員の真のねらいは何か、銀行にとってどんなメリット／デメリットがあり、企業にとってどんなメリット／デメリットがあるのか、いつも考える習慣をつけたいものです。

「根抵当権を設定すると、今後はいちいち担保を入れなくてよいですよ」と言われた場合、それが新たな融資を行う条件でなければ、拒否すればよいでしょう。

一方で、新たな融資を行う条件とされた場合には、そもそも本当に不動産を担保に入れなければ融資を受けられないのか確かめるべく、時間に余裕があればその融資は保留にし、他の銀行でも無担保で融資を申し込みましょう。

他の銀行でも無担保での融資が難しいのであれば、不動産を担保に入れることを考えますが、特定の融資のみを担保の対象とする抵当権の設定にとどめたいところです。また、銀行が根抵当権でないとダメだという場合でも、新たな融資と同額での根抵当権の設定にとどめるべきでしょう。

《ポイント》**「今後いちいち担保を入れなくてよい」と言われて根抵当権を設定してしまえば、企業にとって損がとても大きい。**

068

「借入金を減らしていきましょう」

銀行は融資量を増やすことで、得られる利息も増えます。そのため、銀行はつねに融資を増やしたいと考えるものです。実際、銀行の営業係に課せられる営業目標には〈融資量の増加〉という目標もあります。

このようななか、銀行員が「借入金を減らしていきましょう」と言ってきた場合、その銀行員は〈この会社への融資を回収していきたい〉と心のなかで思っていることが多いです。「借入金を減らしていきましょう」と言ってくる場面は、次の2つがあります。それぞれの場面で見てみます。

①社長が銀行員に融資の相談をしたとき

社長が銀行員に融資の相談をしたところ、銀行員から「御社は借入金が多くなっているので、むしろ借入金を減らしていったほうがよくないですか?」と言われた場合、新たな融資は難しいことが推測されます。「融資を申し込まれても審査は通らないです」と言うと社長を怒らせるおそれがあることから、このように言って、その場をとりつくろおうとするのです。

この場合、銀行員に「借入金は減らしたいと思っていますが、今は融資を受けたいです」と聞いてみてください。融資の審査を行ってくれるのかどうかを確認して、新たに融資を受けられる可能性がないのなら銀行員にはっきり言ってもらうべきです。

②ふだんの銀行員との会話で

担当の銀行員と話しているなかで「借入金を減らしていきましょう」と言われた場合、その銀行員には具体的なねらいがあることが多いです。そのねらいの例は次のとおりです。

（ねらい、その1）〈保証付融資で得た資金でプロパー融資を返させたい〉

運転資金として信用保証協会の保証付融資を受けて、融資で得た資金を資金使途どおりに仕入や経費の支払いで使い、それを銀行が確認した後、銀行員が「借入金を減らしていきましょう」と勧めてきた場合。

具体的には「先日の融資1500万円（保証付融資）で預金残高が増え、毎月の返済金額が大きくなっていますが、御社は2年前に実行された融資の残高が1000万円（プロパー融資）残っているので、それを一括で返して毎月の返済金額を減らしたらどうですか？」などといった勧め方です。

このような場合、ふつうは仕入や経費の支払いを行う一方で売上入金もあるため、預金残高は多く残っています。そこで銀行員の言うままに、プロパー融資を一括返済すると、結果として**プロパー融資を保証付融資で借り換えたのと同じ**（銀行としては保全強化に成功した形）。業績や財務内容が悪く、銀行としては保全を強化したい会社に、「借入金が多いから」とか「毎月の返済金額が大きいから」「金利が高いから」といった理由でプロパー融資の一括返済をすすめたい。この真のねらいを隠したままの提案にはのってはいけません。

（ねらい、その2）〈不要な不動産などを売却して融資を返させたい〉

不動産や車両、機械などで不要なものがある場合、「御社は借入金が多くなっています。〇〇の土地は使っていないので売却して、借入金の返済にあてたらどうですか？」と勧めてきます。

不要な不動産などを売却するのは良いのですが、売却して得た現金をそもそも借入金返済にあてる必要があるのか、考えたいです。

担保に入れている不動産であれば、担保の対象となっている融資を返済しなければ担保を外せないため、売却で得た資金は借入金返済にあてる必要があります。一方、担保に入れていない不動産であれば、それを売却しても借入金返済にあてる必要はありません。売却後は預金でおいておき、資金繰りをラクにする、もしくは不要な不動産などでも急いで売らないなど、自社にとってどうするのが最も良いのか、よく考えましょう。

《ポイント》**銀行員が「借入金を減らしていきましょう」と言ってきた場合、実は融資の回収をしたがっているケースが多い。銀行員の真のねらいを考える。**

069

「担当部署が代わりました」

（債権管理部署や債権回収会社などへの担当部署変更）

銀行の担当者が、支店の銀行員から、本部の「事業支援部」「経営支援部」「融資管理部」といった名称の部署や「○○○○債権回収」といった名称の銀行系列の債権回収会社（以下「債権回収部署」）に代わることがあります。

この場合、銀行からつけられている**債務者区分が「要注意先」以下になった**可能性が高いです。債務者区分には良いほうから、

「正常先」
「要注意先」
「要管理先」
「破綻懸念先（はたんけねん）」
「実質破綻先」
「破綻先」

があります。銀行は融資先企業に、財務状況や融資の返済状況によって債務者区分をつけています。「要注意先」以下となったら融資の審査が厳しくなったり、まったく審査が通らなくなったりします。

債権回収部署に担当が代わるのは、融資の返済の減額・猶予（リスケジュール）を行った場合であることが多いです。

一方、返済を正常に行っている会社でも債権回収部署に担当が代わることがあります。この場合、企業の債務者区分が「要注意先」以下となり、銀行が融資の回収を進めようとしていることが推測されます。

債権回収部署に担当が代わった後、新たな融資は期待できなくなります。なぜ担当が代わるのか、銀行員に聞いてみるとよいでしょう。正直に答えてくれるかもしれません。

銀行が融資の回収を図るには専門の知識・ノウハウ・経験が必要です。そこで銀行では債権回収部署を作り、融資の回収を図っていく融資先ではその部署に担当を代えるのです。また銀行のなかには、系列の債権回収会社（サービサー）に融資の回収を任せているところもあります。

債権回収部署に担当が代わっても、他の銀行で融資を受けられるのであれば、問題ありません。他の銀行が自社に対し、どのような融資方針であるのかを把握してください。

他の銀行でも新たな融資が難しかったり、融資は出ても少額でしかなかったりする場合、既存の融資の返済負担が大きければやがて資金不足に陥ります。銀行に交渉し、返済を減額・猶予（リスケジュール）してもらうよう交渉すべきです。

《ポイント》**債権回収部署に担当が代わる背景には、債務者区分が「要注意先」以下になり、融資を回収する方針になったことが想像される。その銀行で新たな融資は期待できない。**

070

「融資で増えた資金で投資信託を買いましょう」

銀行の営業係は、たくさんの営業目標に追われています。融資だけでなく、**投資信託や生命保険などの販売**も営業目標の一つです。一方、銀行の営業係が営業する相手は限られ、自分の担当先ぐらいです。営業しようにも売り込む先が少ないのです。

そのため、営業係は自分が担当する融資先に営業していくことになります。また、融資先の社長は担当者のお願いを聞いてくれることが多いものです。銀行が融資を行ってくれなくなったら自社の資金繰りに支障をきたすため、**気を使って銀行の担当者の言うことを聞く社長は多い**です。

企業や社長にとって損がほとんどないことであれば、営業協力につきあうのもよいのですが、企業や社長にとって損であることにはつきあう必要はありません。

銀行が融資先企業に対して貸し手として優位な立場にあることを利用し、企業に不利益を与えることは「**優越的地位の濫用**(らんよう)」となります。優越的地位の濫用とは、取引上、優越的地位にある者が、取引先に対して不当に不利益を与える行為のことで、**独占禁止法により禁止**されています。

融資は、資金使途があって行うものです。

投資信託や株式などへ投資するための資金は、融資の資金使途として認められることはなく、それを資金使途として融資を申し込んでも審査は通りません。

運転資金を資金使途として融資を受け、その全額を仕入や経費の支払いで資金使途どおりに使った後でも、仕入や経費の支払いを行う一方で売上入金もあるため、預金残高は多く残っているものです。その預金に目をつけ、銀行員が投資信託の購入を勧めてくることがあります。

その預金で投資信託を購入することは、**融資で得た資金を使うことと実質的に同じ**です。融資金額の全部を仕入や経費の支払いで使った後であれば、形式的には資金使途違反になりません。しかし、融資で多くなった預金で投資信託を購入することとなるため、**実質は資金使途違反**です。いくら営業目標に追われているとはいえ、このようなことを平気で勧めてくる銀行員がいることは残念です。

融資で増えた資金で投資信託を購入することは、運転資金として借りたものを投資信託にあてることとなり、企業の資金繰りは悪化します。融資で増えた資金が投資信託に消えれば、資金繰り的には融資を受けていないのと同じです。一方で、その融資の返済が始まり、資金繰りは苦しくなります。

また、投資信託は価格が上下するものです。融資で増えた資金で購入しているので、投資信託の購入金額は大きく、価格の下落により大きく損失が出てしまうこともあります。

融資を受けた後、投資信託を勧められても断るべきです。「投資信託を購入してくれないと次の融資審査に支障が出る」と銀行員が匂(にお)わせ、投資信託を購入させたら、優越的地位の濫用であり、問題となります。そもそも投資信託を購入しないことで融資に支障が出ることはありません。

《ポイント》**融資で増えた資金で投資信託の購入を勧められても応じてはいけない。「次の融資審査に支障が出る」と銀行員が匂わせ購入させるのは、優越的地位の濫用となる。**

071

「○○を作ってください」

（○○はクレジットカード、ビジネスクラブなど）

銀行の営業係には、多くの営業目標が課せられています。営業目標の項目も、それぞれの目標数値も多いです。銀行の本部が各支店に営業目標を割り振り、それが支店内の営業係に割り振られます。

営業目標には次のような項目があります。各項目に該当する例とともに挙げます。

①銀行の融資残高の増加、利息収入の増加に結びつくもの

・融資の期中平均残高の増加
・信用保証協会の保証付融資の期中平均残高の増加
・新規融資先数
・住宅ローン残高の増加

②銀行の手数料収入の増加に結びつくもの

・各種手数料収入（振込手数料・手形取立手数料・外国為替手数料など）
・投資信託販売額
・生命保険販売額

③預金残高の増加に結びつくもの

・年金受け取り口座増加
・給与振込口座増加
（これらにより預金口座をメインで使われるようになれば、預金残高は増加するものです）

④銀行の関係会社の収入に結びつくもの

・クレジットカードの申し込み獲得

・ビジネスクラブ会員獲得

前項でも申し上げたとおり、銀行員が勧めてくるものに全部が全部、つきあう必要はありません。一方で、社長にいろいろ勧めても毎回、断られてしまうのであれば、融資についてもやる気をなくしてしまう担当者がいるかもしれません。

銀行員が営業目標を課せられている項目のなかには、つきあってあげるハードルが低いものもあります。例えば、クレジットカード。年会費が無料かせいぜい数千円で、加入してあげることで銀行員の営業目標の達成に向けて貢献できます。このようなハードルが低いものにはつきあってあげて、協力する姿勢をときどき見せるだけでも、だいぶ違うことでしょう。

《ポイント》**銀行の営業係は多くの〈営業目標〉に追われている。すべて断ると、やる気をなくしてしまうこともあるので、つきあいのハードルが低いものには適度につきあってあげる。**

072

「不動産を買いませんか?」

銀行員が「不動産を買いませんか?」と勧めてくることがあります。不動産屋ではない銀行員が、なぜ不動産を勧めてくるのでしょうか。

よくあるのは、その銀行の別の融資先で、担保に入れている不動産を売却したいケースです。

以下は実際にあったケースです。

A信用金庫はB社に5000万円の融資があり、その会社の店舗(土地・建物)に根抵当権5000万円を設定していました。しかし、その融資は長い間、返済がストップしている状態でした。

そこで、A信用金庫は別の融資先であったC社の社長に「この不動産を買わないか?」と言ってきました。売却金額は5000万円。製造業で作業場・倉庫として使える場所を探していたC社はA信用金庫から融資を受け、購入しました。しかし後日、C社の社長は知人の不動産業者から教えてもらいました。その不動産はC社が購入する3カ月前に3500万円で売られていたことを…。

B社の社長がA信用金庫に断りなく独自で売却しようとしていたようです。2カ月経っても購入者が見つからず、その時点でこの不動産が売却中であることを知ったA信用金庫はB社の社長に売却をやめさせました。3500万円で売却しても、A信用金庫がB社に出している融資5000万円は全額返済できないからです。そしてA信用金庫は完済できる5000万円で売却しようとC社に持ちかけたのです。

それを知ったC社の社長は怒り、A信用金庫からこの不動産の購入資金として借りた5000万円をD銀行で借り換えしました。しかし、A信用金庫の勧めで、3500万円でも売れなかった不動産を5000万円で買わされたことはどうにもできません。

A信用金庫としては、返済がストップし不良債権化していた融資を満額回収でき、また借り換えはされたもののC社への融資を行うことができ、一石二鳥でした。一方、C社は不動産を高値で買わされて大損です。

銀行員が「不動産を買いませんか」と勧めてくる場合、その不動産は融資先のものであることが多いです。売却する不動産がその銀行への担保となっている場合、担保の対象である融資が返済ストップしているなど不良債権化していれば、売却により銀行は融資を回収できます。売却する不動産が担保となっていない場合でも、銀行は売主に恩を売れるので今後の取引につながっていくことでしょう。また、銀行の関係会社に不動産会社があれば、その会社に仲介させることで仲介手数料をもたらすこともできます。

一方、買主に対しても、その不動産を購入する資金を融資することができます。このように不動産の売買を手伝うことで銀行が得られるメリットは大きいのです。

しかし、紹介した事例のように銀行は買主に損をさせてでも、高い金額で売却し、不良債権の回収を図ろうとすることがあります。銀行員が「不動産を買いませんか?」と言ってきても、なぜ銀行員が不動産を売ろうとするのか真のねらいを探るようにしましょう。また、購入を考える場合も、提示された売却価格は適正か、高い金額で買わせようとしていないか、しっかり調べるようにしてください。

《ポイント》**銀行員が不動産を売ろうとする真のねらいは何かを探る。購入を考える場合は提示された売却価格が適正か調べる。**

073

「返済のない手形貸付（短期継続融資＝短コロ）を、長期融資に借り換えませんか？」

短期継続融資[*1]（短コロ）と呼ばれる融資があります。手形貸付で返済期限を6カ月後～1年後とし、途中の分割返済がなく、期限が来たら同額で再び実行され、それを繰り返す融資のことです。こうした短期継続融資を受けている会社の社長に銀行員が「返済のない手形貸付（短期継続融資）を、長期融資に借り換えませんか？」と言ってきた。この場合、銀行は融資の回収を図っていると考えられます。

＊1 **短期継続融資**……その資金使途が「経常運転資金」で、一括返済するごとに新たな融資を継続的に実行するところから、融資を転がしていくという意味で「短期コロガシ融資」とも言い、また、しばしば「**短コロ**」と略称される（その返済方法については下記＊2を参照）。**経常運転資金**は企業が現金化できず立て替えている金額と見られる運転資金のことで、「**売掛金＋受取手形＋在庫－買掛金－支払手形**」で計算される。例えば、前期の決算書の貸借対照表で、売掛金が2500万円、在庫が1000万円、買掛金が1500万円、手形は受取／支払ともなし（0円）だった場合、経常運転資金は〈2500万円＋1000万円－1500万円＝2000万円〉。この金額を事業が続くかぎり常に発生し続ける金額として、文字どおり短期で継続的に融資するのが短期継続融資である。

短期継続融資の理屈では返済財源がない[*2]ので途中の返済はなく、期限がきたら同額で継続します。しかし、業績や財務内容の悪化で事業が継続できなくなり破綻すれば、銀行は多くの貸し倒れを出してしまいます。

＊2 **返済財源がない**……短期継続融資は6カ月後や1年後の一括返済と決められるが、経常運転資金が発生し続けるかぎり、一括返済の日に新たに同じ条件で融資を受ける。結果として、同じ融資を受け続けることになる。この場合、企業は一括返済の日に返済資金を用意しなくてもよく、これがこの貸付が「返済のない手形貸付」といわれる理由である。しかし最近は、あくまで一括返済が条件であることをそのとおりにとらえ、返済日にいったん全額返済し、銀行が返済を確認した直後、新たに同額の融資を実行する方法がとられることが多くなっている。

貸し倒れを避けるため、業績や財務内容が悪化した会社に対して銀行は短期継続融資といえども回収を図っていきます。この場合、銀行として最も良いのは、短期継続融資を一括で返済してもらうことですが、一括返済が可能なほど資金に余裕がある会社はそうはなく、銀行は分割返済で回収を図ろうとします。ただ、社長に「短期継続融資2000万円がありますが、これを分割返済してください」と言うと、銀行が回収を図っていると気づいた社長が怒ったり、分割返済を拒否したりするかもしれません。そこで、「短期継続融資2000万円を、長期融資に借り換えませんか?」などと言い方を変え、回収を図っていることを気づかれないように[*3]するのです。

*3 **気づかれないように**……相手が〈鈍感な〉社長であれば、「短期継続融資2000万円を長期融資に借り換えて借入金を減らしていきませんか?」と、同額での借り換えを提案しても銀行員の真のねらいは気づかれにくいかもしれません。しかし、〈敏感な〉社長であれば、この言い方では銀行が回収を図っていることに気づかれてしまいます。そこで、さらに「短期継続融資2000万円を長期融資2500万円に借り換えしませんか?」と、あたかも増額された新たな融資(この例では純増500万円)を行うように見せかけて、回収を図ろうとすることもあります。この例では融資額は増えることになりますが、返済が進むにつれて現状の融資2000万円を下回り、その後は回収を図れることとなります。

「返済のない手形貸付を、長期融資に借り換えませんか?」と言われても、短期継続融資を維持するほうが返済はなく資金繰りは楽(らく)なので、できればそのままとしたいところです。そこで借り換えを拒(こば)んだところ、さらに銀行員が「短期継続融資の分割返済をしてもらえませんか?」とホンネを隠さず応じてきた場合も、その後の返済負担が重くならないよう、例えば〈まずは月10万円ずつで返済し、6カ月〜1年の期限ごとにその後の返済額を交渉する〉、あるいは〈毎月の分割返済はせず期限ごとに50万円を内入(うちい)れする〉といった、できるだけ小刻みな譲歩で銀行と交渉するとよいでしょう。

《ポイント》**短期継続融資の長期融資への借り換えを提案してきた場合、銀行の真のねらいは〈回収を図ること〉である。**

074

「当座貸越を分割返済してください」

当座貸越[*1]のうち専用当座貸越を設定している会社では、銀行から「当座貸越を分割返済してほしい」と言われることがあります。この場合、銀行は融資の回収を図ろうとしています。

*1 **当座貸越**…融資の極度額を設定し、その極度額までは自由に借りたり返したりできる融資方法で、例えば当座貸越として極度額3000万円を設定すれば、3000万円の枠内でいつでも借りたり返したりできる。

当座貸越には2つの方法があります。**専用当座貸越**と**一般当座貸越**です。違いは、当座預金に連動するか／しないかです。専用当座貸越は当座預金に連動しません。一般当座貸越は当座預金に連動します。

専用当座貸越は当座預金に連動しないので、当座預金口座を持たなくても、当座貸越を設定できます。例えば、専用当座貸越の極度額を3000万円設定したとします。買掛金の支払資金が足りないから500万円借りる、売上の入金があって資金が潤沢になったから500万円返済する。このように、企業の資金繰りによって臨機応変に借りたり返したりできます。

一方、一般当座貸越は当座預金に連動するので、当座預金口座がある会社のみ設定できます。当座預金口座と当座貸越がセットとして扱われ、当座預金の残高がマイナスとなった場合、自動的に貸越となります。

その貸越がいくらまで可能なのかが、一般当座貸越の極度額になります。例えば、一般当座貸越の極度額を3000万円としたら、当座預金の残高は△3000万円まで貸越できます。

当座貸越は自由に借りたり返したりできるので、企業にとっては利便性が高いものですが、銀行から見ると、企業に返済してもらえない事態が起こりやすいものでもあります。そのため、当座貸越の審査は厳しく、無担保・プロパーで当座貸越を設定できた会社は〈銀行から高く評価されている〉ことになります。

しかし、当座貸越を設定している会社でも、業績や財務内容が悪化して資金繰りが厳しくなり、かつ銀行から新たな融資が受けづらくなってくると、すでに設定されている当座貸越は**極度額いっぱいで張りつく**ことになりがちです。例えば、極度額3000万円であれば満額の3000万円を借りっぱなしという状態になりがちです。当座貸越は証書貸付のように分割返済されるわけではないので、銀行としては、このままでは貸しっぱなしで融資の残高を減らすことができません。

当座貸越は1年ごとに更新することが多いのですが、会社の業績や財務内容が悪化した場合は、銀行は更新を止め、返済を求めてきます。当座貸越を一括返済してもらうのが銀行にとっては望ましいのですが、一括返済できるほど資金に余裕がある会社はなかなかありません。そこで、銀行は分割返済を求めてきます。

当座貸越の更新を止められ銀行から分割返済を求められた場合、企業は拒否できません。しかし、交渉はできます。

例えば、当座貸越の極度額は3000万円、満額の3000万円を借りているなか、銀行から当座貸越の更新を止められ1年の分割返済を求められたとします。3000万円を1年で返済すると月250万円の返済となり、それに応じると**企業の資金繰りは一気に悪化**します。企業は〈支払える金額で分割返済〉とさせてもらうよう銀行と交渉するべきです。例えば、月10万円であれば支払えるのなら、それで交渉します。

《ポイント》**当座貸越の更新を止められ、銀行が分割返済を求めてきた場合、拒否できない。分割で支払える金額を伝え、銀行と交渉する。**

075

「今度、支店長が『貴社にあいさつに行きたい』と言っています」

「支店長が『あいさつに行きたい』と言っている」。

これを聞いた社長は「どんな目的で来るんだろう?」と心配になる人も多いのではないでしょうか。

支店長が訪問してくる目的は何でしょうか。次の2つがよくある理由です。

1. 支店長があいさつまわりをしている

支店長が代わったとき、新しい支店長が融資先などへあいさつにまわるものです。この場合、支店長が自社に訪問してきても滞在時間は5～10分と短いことがほとんどです。

支店長があいさつに訪問してくるのであれば、あなたの会社は〈支店のなかで重視されている会社〉と言えるでしょう。支店には何百社と融資先があり、支店長はすべてにあいさつでまわれるわけではありません。

この場合、次はゆっくり時間をとって来てくれるよう、「支店長、今度また遊びに来てください。うちの会社のことについていろいろ説明しますので…」などと言って次につなげるとよいでしょう。

2. 支店長が融資先企業のことを詳しく知ろうとしている

支店長のなかには積極的に外に出て融資先の社長と交流し、たくさんの会社のことを知ろうと心がけている人がいます。どんな事業を行っている会社か、商品やサービスはどんなものか、店舗や工場はどのようであるかなどを見ようとします。

融資先企業のことを深く知ろうと企業を訪問するのであれば、支店長は時間を多くとろうとするものです。この機会にぜひ自社をアピールしましょう。

支店長に自社のことを深く知ってもらい、好印象を持ってもらえれば、その後の融資審査に良い影響があります。また、支店長によっては自ら新たな融資のセールスをしてくる人もいます。

○支店長は融資のキーマン

なお、業績や財務内容が悪い会社に対して、支店長が融資の回収の話をしようと訪問してくることはなかなかありません。このような話は、担当者か支店内の融資係が行うものです。

支店長は融資のキーマンです。支店長決裁の融資案件では支店長が最終決裁者となりますし、本部決裁の融資案件でも支店長を通らなければ本部へ稟議書は送られません。支店長に自社のことを深く知ってもらい、好印象を持ってもらいたいものです。

《ポイント》**支店長が自社に訪問してくる場合、あいさつまわりか、企業のことを深く知ろうとしているか、そのどちらかであることが多い。支店長が訪問してくるときは、自社をアピールする絶好の機会である。**

076

「今度、上司(営業係長)を連れてきます」

担当者が「今度、上司（営業係長）を連れてきます」と言ってきた場合はどうでしょうか。

前項の〈支店長の来訪〉より頻度も多く、その来訪目的には次のようなものが考えられます。

1. あいさつのため

営業係長が代わった場合、部下の担当先へあいさつまわりのため訪問してくることがあります。

2. 部下の様子を見るため

部下と同行訪問することで、部下がどのように仕事を行っているか、どのように顧客とコミュニケーションをとっているかなどをチェックします。

3. 営業強化のため

営業目標の達成に向け、部下に任せるだけでなく、営業係長が部下と同行訪問し、一緒に顧客に営業を行います。

4. もうひと押しするため

もう少しで顧客が融資を申し込んでくれそうな場合など、担当者が営業係長に同行訪問を頼み、もうひと押ししてもらうことがあります。

5. 審査や回収における調査や説明のため

融資審査での調査や企業への説明、融資の回収を図ろうとする場合の調査や企業への説明など、担当者が経験不足であれば、営業係長が同行します。

6. 顧客に謝罪するため

部下が起こしたミスについて上司として謝罪します。

7. 社長に翻意してもらうため

自分の銀行の融資を他の銀行に借り換えしようと社長が動いている場合など、社長に翻意してもらおうと同行訪問します。

このように、担当者が上司である営業係長を連れてくる目的は、多岐にわたります。担当者から「上司を連れてくる」と言われた場合、心配であれば、どのような目的なのか担当者に聞いてみましょう。ただ、担当者はあらかじめ目的を答えにくい場合もあります。その場合、最近、起きたことから目的を予想してみましょう。例えば、上記の「**6**」や「**7**」なら、きっと思い当たるふしがあるはずです。

《ポイント》 **担当者が上司の営業係長を連れてくる目的は多岐にわたる。心配な場合、その目的を担当者にあらかじめ聞いておこう。**

077

「店舗／工場／倉庫を見学させてください」

銀行員が「店舗／工場／倉庫を見学させてください」と言ってきた。この場合、次のねらいがあります。

1. 何をやっている会社か、事業はどのように運営されているかを知るため

銀行員は、担当する会社の商品やサービス、事業内容を深く知ることで、どんなことに資金需要があるのかを知って融資を売り込むことができたり、審査のための稟議書を作成できたりするものです。

2. 事業実態があるかを確認するため

ごく少数ですが、銀行をだまして融資を得ようとする人は、いつの時代にもいるものです。

例えば、自称「製造業」で、「事務所とは別に工場がある」と言って、また売上が数億円あることを示した決算書を提出され、融資を出した。ところが、すぐに返済が止まった。調べてみたら工場はなく、売上はほとんどない〈事業実態のない〉会社であった……。

このような輩(やから)に銀行がだまされて融資を詐取(さしゅ)されることをあらかじめ防ぐため、実地で店舗・工場などが本当にあるか確認しようとします。

3. 危ない会社の徴候を見きわめるため

銀行内の研修では、倒産が近い危ない会社の徴候を発見するために、事務所や店舗・工場など、どのように観察するか教えられているものです。

例えば、〈工場で止まっている機械が多い〉とか、〈店舗が閑散としてい

て店員も覇気がない〉など、危ない会社の徴候を発見することで銀行は警戒心を強めます。逆に言えば、〈工場の機械がフル稼働している〉とか〈店舗がお客でにぎわっている〉といった事実を目の当たりにすれば、銀行は警戒心をゆるめるということでもあります。

4．粉飾決算の徴候を発見するため

在庫を実際より多く計上し、決算書を粉飾する会社があります。そのおそれがある会社に対し、銀行員は倉庫のなかを見ようとすることがあります。例えば、決算書では商品勘定が8000万円あるのに、倉庫のなかを見ると、それだけの在庫があるようにはとても見えない。この場合、粉飾しているおそれが高いとして銀行は警戒心を強めます。

銀行員が「店舗／工場／倉庫を見学してきたい」と言ってくる場合、このようなねらいがあります。

しかし、見学してもらうことは、銀行員に自社をアピールする良い機会でもあります。銀行員から依頼されなくても企業側から自主的に銀行員に見学を勧めてもよいでしょう。

店舗や工場などのなかをまわりながら説明することで、銀行員は事業内容を理解しやすくなり、今後の融資の審査で良い影響が出てくることもあるでしょう。

《ポイント》**銀行員が店舗／工場／倉庫を見学するのはいろいろなねらいがある。見学は銀行員に自社を理解してもらう良い機会である。**

078

「○○銀行(あるいは、前の担当者)はそんなことをしたんですか？　ありえないですね」

銀行員のなかには自分が良い格好をしようと、社長に対して他の銀行や前の担当者をけなす人もいます。

例えば、A銀行から融資の提案をされることが最近なかったという話の流れで、B銀行の銀行員とのこんなやりとりが……。

社長「A銀行から融資の提案、最近まったくしてこないんだよ」
B銀行の銀行員「A銀行は全然やる気がないですね。ありえないですよ」

というように、他の銀行をけなす銀行員がいます。

けなす相手は他の銀行以外に、その会社を前に担当していた自分の銀行の銀行員の場合もあります。

「前担当の○○は御社のお役に立っていなかったですね。ありえないですね」

このようなことばを聞いた社長のなかには「この銀行員は私の味方だ」と思い、信用しすぎてしまう人もいます。しかし、その銀行員が、社長の希望をいつもかなえてくれたり、仕事ができる人であったりするかは別の話です。

○巧言令色すくなし仁

社長に耳ざわりでない〈いいこと〉ばかりを言う銀行員でも、実際、何も貢献してくれないことも多いものです。

例えば、A銀行で最近、融資が出なくなり、それを聞いたB銀行の銀行員が「A銀行はだめですね。私にまかせてください」と言っていた。そこでB銀行に融資を申し込んだが、審査が通らなかった……。

融資の決裁は担当者ではなく支店長や本部がするものであり、いくら口では「まかせてください」と言っても完全に信用してはいけません。

調子のいいことばかり言ってくる銀行員を信用してしまう社長は多いのですが、ただ良い格好をしたいだけの場合が多いので、社長は銀行員の言うことを信用しすぎず、**一歩引いて見る**ことが大事です。信用しすぎると、銀行だけが得をし、自社が損をすることでも、信用できる銀行員が言うことだから大丈夫と、疑うことなく聞き入れてしまいかねません。

○良薬は口に苦し

逆に、ふだんは社長に厳しいことを言ってくる銀行員でも、肝心なときには良い提案をしてくれたり稟議書をうまく書いて審査を通してくれたりするなど、役に立ってくれることもあるものです。

《ポイント》**銀行員のなかには他の銀行や前担当者をけなし、自分は社長の味方のように言って〈良い格好をしたがる人〉がいる。銀行員の言うことを信用しすぎない。**

079

「支店長が代わってから審査が厳しくなったんですよ」

前に比べ、融資の審査が厳しくなった。自社の業績や財務内容に特段、変化がなければ、これは支店長が代わったことが原因である可能性があります。実際に銀行員から「新しい支店長になってから審査が厳しくなったんですよ」と言われることもあります。

支店長はどのようなタイプか、日ごろから担当者に聞いておくとよいでしょう。「営業畑」なのか、「融資畑」なのか。

営業畑とは営業を重視するタイプです。支店長となるまでに行ってきた業務が営業中心であった人はこのタイプとなりやすいです。支店の業績を向上させる意欲が強く、積極的に融資を行っていきたいと考えています。

一方の**融資畑**とは、いかに貸し倒れを出さないかを重視するタイプ。支店長となるまでに行ってきた業務が融資係中心であった人は、このタイプとなりやすいです。このタイプの支店長だと、融資の審査は慎重になる傾向が強いです。

今までは融資を問題なく受けられていたのに、支店長が代わってから融資が出なくなった。これはよくあることです。自社の業績や財務内容が悪化したのならまだしも、そうでないのに支店長の交代によって融資が出なくなったのであれば、たまったものではありません。

企業としては次の2つの対策に取り組んでおきましょう。

1. 新しい支店長と早く会い、自社のことを深く知ってもらう

前の支店長はあなたの会社のことを深く知っていても、新しい支店長はそうではありません。新しい支店長と早く会い、自社のことをアピールした

いところです。自社のことを深く知ってもらい、好印象を持ってもらえれば、審査に良い影響があるものです。

支店長交代時に自社にあいさつに来たら、支店長と次の面談を約束します。自社に来てもらい、店舗や工場などを見学してもらいながら、自社の行っている事業内容、商品やサービス、経営計画などを説明しましょう。

支店長交代時に自社にあいさつに来ていないのであれば、担当者に対し、支店長に一度あいさつしたいと頼んでみます。「店舗や工場などを見学してほしいから、自社に来てもらいたい」と、だめでもともとで言ってみるのもよいでしょう。

新しい決算書ができたときも良い機会です。「決算説明をしたい」と担当者に伝え、支店長との面談の機会をもらうようにします。その機会に決算書だけでなく、自社の事業内容や商品・サービス、経営計画などを説明するのです。

2. 多くの銀行とつきあっておく

一つの銀行のみから融資を受けている状態は、選択肢がないので、支店長の交代で今まで出ていた融資が出なくなるという事態になりかねません。ふだんから多くの銀行から融資を受けておけば、一つの銀行で融資が出なくなっても他の銀行から融資を受けられる可能性があります。

銀行は、融資を出したことのない新規の会社よりも、今まで融資を行い問題なく返済されてきた会社のほうが、新たな融資を出しやすいもの。ふだんから多くの銀行で融資を受けて、返済実績をつけておきましょう。

《ポイント》 **今まで融資を出してくれていた銀行も、支店長の交代により融資が出なくなることがある。新しい支店長に自社を深く知ってもらう、ふだんから多くの銀行で融資を受けておく、などが企業でとれる対策である。**

080

「他の銀行とつきあわないでもらえますか？」

銀行員から「他の銀行とつきあわないでもらえますか？」と言われることがあります。このことばの意味は、「他の銀行からは融資を受けず、自分の銀行のみから融資を受けてほしい」というものです。

融資云々（うんぬん）だけでなく、「**他の銀行の預金口座を解約してほしい**」とまで言ってくる銀行員もいます。

そうした銀行員の言うことを真に受けて、一つの銀行のみで融資を受けている場合、その銀行がこれからも社長の希望どおりに融資を出してくれればよいですが、絶対とは言えません。自社の業績や財務内容が悪化し、その銀行が融資を出さなくなったとき、他の銀行から融資を受けるという選択肢がとりづらくなってしまいます。

一つの銀行のみで融資を受けてきたのであれば、他の銀行へは新規で融資を申し込むことになりますが、この場合、審査はなかなか通らないものです。銀行は新規の会社への融資には慎重になるからです。

融資を受ける銀行が一つしかないことは、企業にとってデメリットが大きいです。複数の銀行、できるだけ多くの銀行から融資を受けるようにしましょう。多くの銀行から融資を受けるメリットは次の４つです。

1. 融資の選択肢を広げられる

多くの銀行でふだんから融資を受けておき、返済実績をつけておけば、一つの銀行で融資を断られた場合、他の銀行に融資を申し込むことができます。銀行は、新規の会社への融資には慎重です。ふだんから多くの銀行で融資を受け、返済実績をつけておきましょう。

2. 銀行間で競争させることができる

一つの銀行のみで融資を受けていると、銀行間の競争が発生しません。多くの銀行から融資を受け、銀行間で競争させることで、より良い条件の融資を受けやすくなります。金利が低い融資、プロパー融資、担保なしの無担保融資などです。

3. 銀行の統合に備えられる

銀行の数は年々、減少しています。この30年間、銀行・信用金庫・信用組合を合計した数は1988年の**1085社**から2018年の**559社**とほぼ半減しています。金利の低下により銀行の収益が厳しくなっていることから、今後も銀行の統合が進んでいくことが予想されます。

融資を受けている2つの銀行が統合してしまったら、融資を受けている銀行の数が少なくなってしまいます。銀行の統合は同じ地域や近隣の銀行の間で行われることが多いので、なおさらその可能性は高いです。融資を受けている銀行同士の統合に備え、多くの銀行から融資を受けるようにしましょう。

4. ダメな担当者・厳しい支店長にあたるリスクを分散できる

仕事ができなかったり仕事のやる気がなかったりとダメな銀行員がいます。そのような担当者にあたると、融資が受けづらくなります。また、融資の審査が厳しい支店長にあたることもあります。多くの銀行から融資を受けていれば、ある銀行でダメな担当者や厳しい支店長にあたっても、他の銀行へも融資を相談できるのでリスクを分散できます。

《ポイント》**銀行員から「他の銀行とつきあわないで」と言われて従ったら企業にとってリスクが大きい。そのことばには従わず、多くの銀行から融資を受けるようにする。**

081

「借入金の返済を止めたら、どうでしょうか?」

銀行員から「借入金の返済を止めたら、どうでしょうか?」と言われることがあります。銀行にはきちんと返済していかなければならないと思っていたところに「止めたらどうでしょう」などと言われると驚いてしまいます。

銀行員がこのように言う場合、その銀行から新たな融資が出る可能性が低くなっていることが推測されます。銀行では融資先企業ごとにそれぞれ〈融資方針〉を決めています。銀行員はその融資方針を念頭に置き、担当先の社長などと接しています。

「借入金の返済を止めたらどうか」と言ってくる場合、新たな融資は行わない方針なのでしょう。この場合、銀行員が考えることは、〈自分の銀行や他の銀行が融資を行わなければ、その会社の資金繰りはどうなるか〉です。

新たな融資がどこの銀行からも出ず、一方で、既存の融資の返済がキャッシュフロー(事業活動により得られる利益から生み出される現金)のなかでできないとなると、やがては資金繰りが破綻(はたん)します。そういう事態が予想される場合、破綻を防ぐために企業が行うべきことは、既存の融資の返済を減額・猶予(ゆうよ)することです。これを「リスケジュール[*1]」と言います。

*1 **リスケジュール**……「リスケ」とも略称される。その判断基準となるキャッシュフローは、決算書のなかの損益計算書を見て、簡易的な計算式〈当期純利益+減価償却費〉で計算できる。例えば、事業でキャッシュフローを年間300万円稼ぐ会社が、既存の融資の返済を毎月200万円、年間2400万円している場合、年間で〈300万円-2400万円=▲2100万円〉の現金がなくなる。この状況では〈年間2100万円以上〉融資を受けられれば、現金(キャッシュフロー)は減少せずに済む。しかし、どこの銀行も新たな融資を行わない、もしくは、行っても年間2100万円にとうてい届かない金額しか新たな融資が出ない場合、返済を続ければ現金が減少していき、やがては資金不足に陥ることになる。そこで月200万円の返済を減額し、月20万円の返済にすれば、年間240万円の返済となり、

キャッシュフローの年間300万円のなかに収まる。これがリスケジュールの考え方である。

リスケジュールでは、返済を猶予し、**毎月の返済を0(ゼロ)にする**こともよく行われます。なお、リスケジュールでは元金の返済を減額・猶予しても、利息は今までどおり支払っていくのが普通です。

企業の資金繰りが破綻し、事業が継続できなくなってしまうと、銀行は残った融資を回収できずに貸し倒れが出て、大きな損失となってしまいます。「新たな融資が出ないなかで返済を続けて企業が倒産してしまうよりは、今はリスケジュールを行い、まずは資金繰りがまわるようにし、事業を継続してもらいたい…」「そのなかで経営改善してキャッシュフローを多く稼げるようにし、できれば将来、返済を再開してもらいたい…」

このような長期的な視点から、銀行員は「借入金の返済を止めたらどうか」という提案をしてくるのです。

しかし、このようにリスケジュールを勧めてくる銀行員もいる一方で、〈やはり返済を続けてもらい、自分の銀行の融資残高を少しでも減らしたい〉と考える銀行員もいます。むしろ、〈返済を続けてもらいたい〉と考えるのが普通で、銀行員からリスケジュールを企業に勧めてくることはレアケースです。ほとんどないと思っていたほうがいいかもしれません。

すなわち、銀行員からのリスケジュール提案を待つのではなく、自社の資金繰りを見すえて、企業側から銀行にリスケジュールを相談・交渉するのが本来あるべき姿です。

《ポイント》**「借入金の返済を止めたら、どうでしょうか?」と言われた場合、その銀行で新たな融資が出る可能性は低くなっているということ。銀行から新たな融資が出ず、一方で既存の融資の返済を続ければ資金繰りが破綻する場合は、リスケジュールを銀行に相談・交渉する。**

column 銀行員の日常のひとこま⑥

午後3時閉店後の世界～「たとえ1円でも」

銀行の支店の多くは午後3時に閉店します。なぜそんな早い時間に閉まるのか、不思議に思う人は多いことでしょう。

閉店すると、店内ではその日の締め作業に入ります。

銀行の支店では営業時間中に現金の入金・出金が多く行われます。伝票と現金を集計し、金額が合致すれば、締め作業は終了します。

しかし、1円でも合わないと大変です。銀行員は現金を多く取り扱うため、横領しやすい環境にあります。

たとえ1円の違いでも放置すれば、後に横領など大きな問題につながりかねません。床に現金が落ちていないか探したり、伝票のシステムへの入力間違いがないか一つひとつチェックしたりするなど、大変な作業となります。

一方、営業係は午後3時にはまだ外を回っており、午後4時ごろに帰店し、預かってきた書類をチェック、保管したり、集金してきた現金を集計したりします。

銀行員の勤務時間は午前8時台から午後5時台と一般の企業と同じです。午後5時台に勤務を終了するには現金の締め作業にかかる時間も考えると、午後3時に閉店する必要があります。

これが飲食店や小売店より早く閉店する理由です。

しかし、営業係・融資係などとの打ち合わせや書類のやりとりをするぐらいであれば、午後3時以降も通用口から店内に入れてもらえるなど、柔軟に対応してくれます。

第7章

リスケジュール交渉で銀行員からこう言われた

082

「融資は偏らず公平に返済してください」

融資返済のリスケジュール交渉のため銀行へ赴(おもむ)くとき、もしくは現在リスケジュールしている融資の返済額を増やすとき、銀行から「公平に返済してください」と言われることがよくありますが、どういう意味でしょうか。

リスケジュールは、融資を受けているすべての銀行で公平に行うのが原則です。複数の銀行から融資を受けていて、そのなかで〈リスケジュールを行わず今までどおり返済を続ける銀行〉と〈リスケジュールを行う銀行〉とに分かれれば、リスケジュールを行う銀行としては不公平に感じます。

例えば、A銀行では融資残高3200万円、月80万円返済、B銀行では融資残高800万円、月20万円返済であったとします。両方の銀行をあわせて月100万円の返済ですが、キャッシュフロー（事業活動により得られる利益から生み出される現金）が月20万円以上あり、返済額を月20万円に抑えれば返済していけるものとします。そこで、A銀行のみリスケジュールを行って返済を0とし、一方、B銀行では今までどおり月20万円返済するとします。すると、1年後の融資残高は、

A銀行は 3200万円のまま なのに、
B銀行は（月20万円×12カ月＝）240万円の減少で、
（800万円ー240万円＝）560万円となる

と、このようにB銀行のみ融資の回収が進むことで、A銀行としては不公平に感じます。このような不公平なリスケジュールを銀行は認めません。

少なくとも、この例の場合ではB銀行はよくても、A銀行は認めません。A銀行が返済0とするならB銀行も返済0とすべきで、事業でキャッシュ

フローを少し稼いでいて月20万円であったら返済できるのなら、A銀行・B銀行それぞれの返済額は**融資残高のシェアで決める**ようにします。

先ほどの例で言えば、両銀行の合計融資残高は、
3200万円＋800万円＝4000万円 ですから、そのうち、

A銀行の融資シェア……(3200万円÷4000万円＝)80%
B銀行の融資シェア……(800万円÷4000万円＝)20%

です。両銀行合計で月100万円の返済を月20万円にリスケジュールする場合、

A銀行の返済額……(20万円×80%＝)16万円
B銀行の返済額……(20万円×20%＝) 4万円　とします。

なお、プロパー融資と信用保証協会の保証付融資の間でも返済額は公平にします。例えば、A銀行の融資3200万円のうちプロパー融資2400万円、保証付融資800万円であった場合、返済額も同じ割合となるよう、A銀行の返済額16万円のうちプロパー融資で月12万円、保証付融資で月4万円の返済とします。

◯リスケジュールを更新するときも同じように考える

リスケジュールは6カ月や1年で期限を区切られます。期限が終了したら、もとどおり返済をしなければなりません。しかし、もとどおりの返済額で返済していくのが難しければ、期限の前にリスケジュールの更新を銀行へ交渉します。リスケジュールを更新するにあたり、経営改善が進み、キャッシュフローが増えているため、毎月の返済額を増やす場合も、融資残高のシェアどおりに行います。

例えば、月20万円の返済を月30万円の返済に上げる場合、
A銀行の返済額は (30万円×80%＝) 24万円
B銀行の返済額は (30万円×20%＝)　6万円　とします。

《ポイント》**複数の銀行から融資を受けていればリスケジュールは公平に行わねばならない。融資残高のシェアで返済額を決めるのが基本である。**

083

「メインバンクの意向に従います」

銀行へリスケジュールを交渉すると、銀行員から「メインバンクの意向に従います」と言われることがよくあります。

メインバンクとは、企業が銀行と取引していくうえで最も利用頻度の高い銀行のことです。融資を受けている会社であれば、融資の利用頻度が高い銀行がメインバンクとなります。

メインバンクの特徴は次のとおりです。

- 融資残高が最も多い
- プロパー融資を最も多く出している
- 不動産担保を最も多く入れている

通常は、融資残高が最も大きい銀行がメインバンクとなります。

しかし、融資残高が最も多い銀行でも、「自分の銀行はメインバンクではない」と言ってくることがまれにあります。例えば、最近行った融資の金額が大きく、たまたまその銀行の融資残高が最も大きくなったケースなどです。このような場合、長い期間で見て、どの銀行がメインバンクかを考えます。

○リスケ交渉はメインバンクから

リスケジュールの交渉はメインバンクから行うべきです。

メインバンクは日ごろから融資を最も多く行ってくれている銀行であり、企業と最もコミュニケーションをとっている銀行、企業のことを最も深く知っている銀行です。メインバンク以外の銀行から交渉しても「メインバンクに相談し、メインバンクとしてはどうするのか聞いて、後で教えてください」と言われるものです。

メインバンク以外の銀行はたいてい、メインバンクの意向に従います。

例えば、メインバンクA銀行、それ以外にB銀行、C銀行から融資を受けている場合で考えましょう。メインバンクのA銀行へリスケジュールを交渉し、返済を0とする稟議書を作成し、銀行内で回覧すると言ってくれたら、B銀行やC銀行もA銀行と同じ動きをしてくれるものです。

なお、メインバンク以外の銀行は、メインバンクにリスケジュールをどうするのか電話で聞くこともあります。この場合、銀行員は一般に企業に「メインバンクに電話してもよいか?」とあらかじめ断りを入れておきます。

銀行員としては、メインバンクの意向をリスケジュール交渉している社長などから間接的に聞くよりも、メインバンクに直接、電話で聞くほうが正確な情報を得られるからです。

《ポイント》**リスケジュールは、まずメインバンクがどうするかを決め、他の銀行はメインバンクに従うのが通常。リスケジュールの交渉はメインバンクから行うべき。**

084
「うちの銀行だけは返済を続けてください」

〈リスケジュールは全銀行、公平に行う〉のが原則です。しかし、「うちの銀行の融資はリスケジュールせず返済を続けてください」と言ってくる銀行員もいます。次のケースでは特に言われやすいです。

- その銀行員が担当したり、今の支店長が以前に決裁したりして行われた融資をリスケジュール交渉するとき
- 融資が実行されてから1回も返済していない、もしくは1、2回しか返済していない状況でリスケジュール交渉するとき

このような場合、融資を行った責任を担当者や支店長が負い、人事評価が下がることがよくあります。そこで、リスケジュールを拒否し、融資の返済を続けてくれと言ってくるのです。

しかし、返済を続ける銀行があると、リスケジュールを行う銀行としては不公平です。「他の銀行がリスケジュールを行わないのなら、自分の銀行も行わない。返済を続けてほしい」と言ってきて、リスケジュール交渉が失敗に終わります。

対応策には次のようなものがあります。

①「メインバンクが〈一部の銀行の返済継続は認めない〉と言ってきている」と伝える

リスケジュール交渉では、メインバンク以外の銀行はメインバンクの意向に従うのが通常です。メインバンク以外の銀行が「うちの銀行だけは返済を続けてほしい」と言ってきた場合には、「**メインバンクから、一部の銀行**

の返済継続は認めないと言われてしまいました」と言って、リスケジュールに応じてもらうよう交渉しましょう。

②返済分の金額が引き落とされないよう預金口座をカラにする

銀行がリスケジュールに応じてくれないと、返済分の金額は毎月、預金口座から引き落とされていきます。返済する預金口座をカラにしておけば引き落とされず延滞（えんたい）状態となります。リスケジュールすべき状況では実際、返済分の金額を運転資金にあてないと資金繰りは回らないものであり、運転資金に優先的に使うべきです。そうしないと事業は継続できません。

あえて延滞状態を作ることで、銀行はリスケジュール交渉のテーブルに着かざるをえなくなります。そこから、あらためて交渉します。

〈リスケジュールは全銀行、公平に行う〉。この原則を知らないと、一部の銀行へ返済を続けてしまい、リスケジュール交渉は失敗に終わります。

「返済を続けてほしい」と言ってくる銀行でも、粘り強く交渉すれば、だいたいリスケジュールに応じてくれるものです。

《ポイント》**リスケジュール交渉を行う場合、一部の銀行のみに返済を続けることはダメ。**

085

「うちの融資、あと少しで完済ですから、まとめて返してしまいましょう」

リスケジュールはすべての銀行、公平に行うのが原則です。しかし、「うちの融資、あと少しで完済ですから、まとめて返してしまいましょう」と言ってくる銀行員もいます。

例えば、ある銀行の融資は1本のみで、あと2回（2カ月）の返済で完済するような場合です。この場合でも、リスケジュールは公平に行わねばなりません。

具体的に言うと、例えば、融資残高がA銀行で4000万円、B銀行で2000万円、C銀行では20万円だったとき、C銀行の融資は月10万円の返済で、あと2回で完済となる場合です。それでも、C銀行に対しA銀行・B銀行と同様にリスケジュールの交渉を行います。

リスケジュールを行うにあたっては、融資を行うときの審査と同様、担当者が稟議書を作成し、銀行内で回覧され決裁されます。C銀行の担当者としてはたった20万円のために稟議書を作成するのは面倒なものです。

そもそも、リスケジュールを行うことは融資を行うこととは違って、銀行員の成績になるわけではありません。それで銀行員は、

「うちの融資、あと少しで完済ですから、
まとめて返してしまいましょう」

などと言って返済させようとするのです。こう言われた場合、どう対応したらよいでしょうか。こういうときは、

「メインバンクに、C銀行さんにだけ返済しても
よいものか、聞いてみますね」

と言って、その場を切り抜けましょう。そして、メインバンクのA銀行に聞いてみましょう。A銀行は、C銀行にだけ返済するのはまず認めてくれないので、それを聞いたうえで、

「A銀行に聞いてみましたが、すべての銀行、同じように
リスケジュールしてほしいとのことでした」

と、C銀行に伝えます。

リスケジュールの交渉を行うと、メインバンク以外の銀行は「メインバンクの意向に従います」と、たいてい言ってくるものですが、なかには〈抜け駆け〉して自分の銀行にだけは返済させようとする銀行員もいます。

なぜ自分の銀行の融資は返済されるべきなのかについて、「あと少しで完済ですから」などいろいろな理由をつけてきます。

一見〈もっともらしい理由〉でも、その銀行のみ返済するのは他の銀行から見たら〈不公平〉であることには変わりありません。

一部の銀行のみ返済することで他の銀行は反発し、リスケジュール交渉が失敗します。

《ポイント》**「あと少しで完済だから」と、その銀行のみ返済すると、リスケジュール交渉は失敗する。**

086

「うちは他の銀行と比べて保全が少ないから、リスケジュールできません」

リスケジュールはすべての銀行、公平に行うのが原則です。メインバンクがリスケジュールをどうするか決め、他の銀行はメインバンクに従うのが通常です。しかし「うちは他の銀行と比べて保全が少ないからリスケジュールできません」と言ってくる銀行員もいます。

企業から不動産や定期預金などを担保に入れてもらったり、信用保証協会の保証をつけたりして、将来、企業が返済できなくなったときに回収できるようにする。このような銀行の取り組みを「**保全**」と言います。

保全金額は、融資残高のうち信用保証協会の保証つきで保全されている金額、不動産や預金などの担保で保全されている金額で計算されます。

《保全金額・保全率の計算の仕方》

- **保証付融資**……保証付融資の残高が3000万円あり、うち信用保証協会が保証する部分が80％であれば、保全金額は（3000万円×80％＝）2400万円となります。
- **不動産担保**……不動産担保では土地や建物の時価に掛け目（かけめ）を掛けて担保価値を計算し、それが保全金額となります。掛け目は銀行ごとに異なります。例えば、土地の時価3000万円、建物の時価1000万円で、掛け目が土地では70％、建物では50％であれば、土地の担保価値は（3000万円×70％＝）2100万円、建物の担保価値は（1000万円×50％＝）500万円、合計で（2100万円＋500万円＝）2600万円が保全金額となります。
- **定期預金担保**……担保となっている金額そのものが保全金額となります。
- **保全率**……例えば、融資残高が8000万円（うち保証付融資が3000万円で、プロパー融資が5000万円）／保証付融資で信用保証協会が保証するのは80％部分で（3000万円×80％＝）2400万円／不動産を担保に入れていて担保価値は2600万円の場合、（2400万円＋2600万円＝）5000万円が保全金額。融資残高8000万円のうち5000万円が保全されているので、保全率は（5000万円÷8000万円×100＝）62.5％です。

リスケジュールを拒否したい銀行は、いろいろな理由をつけてくるものです。保全金額や保全率が他の銀行に比べて少ない、というのも、その一つです。

例えば、A銀行では融資残高が5000万円で、そのうち保全金額4000万円で保全されていない金額（非保全金額）1000万円、それに対してB銀行は融資残高が3000万円で、そのうち保全金額1000万円で非保全金額2000万円である場合などに、B銀行が「うちの銀行は保全金額が少ないからリスケジュールできません」と言ってきます。しかし、どのような"理由"があっても、リスケジュールはすべての銀行、公平に行う必要があります。

このように言われた場合、「メインバンクに、B銀行さんにだけ返済してもよいものか、聞いてみますね」と言って、その場を切り抜けてください。そして、メインバンクのA銀行にその旨、聞いてみてください。前項085の場合とほぼ同様ですが、A銀行は、B銀行にだけ返済するのはまず認めてくれないはずです。それを聞いたうえで「A銀行に聞いてみましたが、すべての銀行、同じようにリスケジュールしてほしいとのことでした」とB銀行に伝えます。

一見もっともらしい理由があっても、一部の銀行のみに返済するのは他の銀行から見たら不公平であることには変わりません。一部の銀行のみ返済することで他の銀行は反発し、リスケジュール交渉は失敗します。

《ポイント》 **保全金額や保全率が少なかろうと、一部の銀行のみ返済するのであれば、リスケジュール交渉は失敗する。**

087

「知人や親戚から借りてでも返済してください」

リスケジュールを交渉すると、銀行員のなかには「知人や親戚から借りてでも返済してください」と言ってくる人がいます。

自分が担当して実行された融資をリスケジュールされてしまうと、自分の人事評価に響いてしまう銀行員や支店長が、特にこのことばを言ってきます。

銀行員から言われたことを鵜呑みにし、知人や親戚（以下「知人等」）から借りて銀行への返済にあてることは、経営に関係のない人たちを巻き込むことになります。知人等からお金を借りて銀行へ返済するのは絶対にやってはいけません。

○焼け石に水

リスケジュールせずに知人等からお金を借りて銀行への返済にあてると、銀行からの借入金が知人等からの借入金に置き換わるだけです。また、1回や2回の返済だけでは済まず、毎月、知人等から借りることを繰り返さなければ銀行へは返済し続けられません。

例えば、毎月300万円を銀行へ返済している会社で、キャッシュフロー（事業活動により得られる利益から生み出される現金）が0もしくはマイナスである場合では、返済財源がまったくないため300万円を知人等から借り入れて銀行へ返済しても、翌月にはさらに300万円を知人等から借り入れて銀行へ返済しなければなりません。これを繰り返すのは困難です。

「知人や親戚から借りてでも返済してください」を鵜呑みにしてはいけないのです。

○逃げるな危険

リスケジュールを行わせないよう、一部の銀行は社長にプレッシャーをかけてきます。「知人や親戚から借りてでも返済してください」はその一つです。

しかし、**リスケジュールの交渉から逃げてはだめ**です。安易に知人等から借りるほうがラクだからとそのようにしても、毎月それを繰り返すのはまず無理ですし、知人等に迷惑をかけることになります。

銀行にリスケジュールに応じてもらい、今後どのように利益を上げてキャッシュフローを増加させ、返済を再開できるようにするのか、経営改善計画を立て、経営改善を進めていくべきです。

《ポイント》**知人や親戚から借りて銀行へ返済することは、知人等に迷惑がかかるので、やるべきではない。そもそも毎月、知人等から借りるのを繰り返すのは困難。**

088

「返済額を月半分にするのではどうですか?」

リスケジュールの交渉を行うと、銀行のほうからリスケジュール後の返済額を提案されることがあります。「返済額を月半分にするのではどうですか?」というように具体的な返済額を提案されたときに、そのまま受け入れてしまう社長がいます。

返済期間1年を超える長期運転資金や設備資金の融資では、返済財源はキャッシュフロー(事業活動により得られる利益から生み出される現金)からと考えます。キャッシュフローは、決算書のなかの損益計算書を見て、簡易的な計算式〈当期純利益+減価償却費〉によって計算できます。

例えば現在、月返済額200万円とします。前期の損益計算書を見ると当期純利益△(マイナス)1000万円、減価償却費700万円であれば、キャッシュフローは、

当期純利益△1000万円 + 減価償却費700万円 = △300万円

です。この会社が銀行から新たに融資を受けられない状況で、毎月200万円の返済を続ければ預金は減っていく一方となり、やがて資金不足に陥(おち)ります。この状況では銀行にリスケジュールを交渉しなければなりません。

そこで社長が銀行に交渉したところ、銀行員から「返済額を月半分にするのではどうですか?」と言われ、社長は「返済額を半分にしてくれるだけでも助かります。それでお願いします」と受け入れてしまった。この場合、どうなるでしょうか。

月返済額200万円が半分となり、100万円となります。

毎月200万円を返済する場合よりも預金の減少ペースはゆるくなるものの、それでも減少していく一方です。

○背に腹はかえられない

キャッシュフローが0もしくはマイナスの状況では〈**返済額0**〉**で交渉すべき**です。なお、ここでの返済額とは元金のことであり、**利息は今までどおり**支払っていきます。

リスケジュールを行って〈毎月の返済額を0〉にするとともに、〈年間で△300万円のキャッシュフロー〉をプラスにする。キャッシュフローがマイナスである原因は〈当期純利益△1000万円〉にありますから、経営改善を行って、**当期純利益を黒字にする必要**があります。

リスケジュール交渉では〈毎月の返済額をいくらにするか〉が争点の一つですが、まず企業側が〈**いくらであったなら無理なく返済できるか**〉を計算し、銀行に提示、交渉すべきです。いくら返済できるかを考えるには、やはり計算式〈当期純利益＋減価償却費〉でキャッシュフローを計算します。

キャッシュフローがマイナスの会社であれば〈毎月の返済額は0〉で交渉し、プラスの会社であれば〈キャッシュフロー以下の返済額〉となるよう交渉します。

例えば、キャッシュフローが年600万円、月平均50万円であれば、毎月の返済額をそれ以下に抑えるようにリスケジュール交渉します。また最近、前期よりも利益が落ちているのであれば、それも考慮します。

なお、〈キャッシュフローいっぱいの金額〉で返済を続けるのも資金繰りが苦しいままであるため、〈キャッシュフローよりも少なめの返済額〉とし、余裕ができる分、現金をためていくようにしたほうがよいでしょう。そこも考え、**キャッシュフローがプラスの会社でも〈返済額0〉で交渉**してみてはどうでしょうか。実際のリスケジュールでも〈返済額0〉となることが多いです。

《ポイント》**リスケジュール後の返済額をどうしたいか、まず企業側が提示すべき。〈返済額０〉で交渉するとよい。**

089

「経営改善計画書では これから利益が出るのですから、 月○○万円を返済できるでしょう?」

リスケジュールを交渉するにあたり、銀行から要求される資料の一つに経営改善計画書があります。経営改善計画書とはリスケジュールで融資の返済を減額・猶予（ゆうよ）している間、どのように経営改善し、利益を上げられるようにしていくのかを書いたものです。

リスケジュールを行うと言っても永遠に返済を減額・猶予し続けるわけにはいきません。経営改善して利益を上げられるようにして、キャッシュフロー（事業活動により得られる利益から生み出される現金）を増やし、将来、返済を再開できるようにするのです。そのための計画書が経営改善計画書です。

経営改善計画書では損益計画や行動計画を書きますが、損益計画ですぐに利益が出るようになる計画とした場合、それを見た銀行員が「経営改善計画書ではこれから利益が出るのですから、月○○万円を返済できるのではないですか?」などと言ってくることがあります。

例えば、前期の決算書の損益計算書を見ると赤字でキャッシュフローもマイナスだったが、経営改善を行い、今期は当期純利益600万円の黒字になる計画とした、また今期の減価償却費は400万円になる計画とします。今期の計画では、キャッシュフローは〈当期純利益600万円＋減価償却費400万円＝1000万円〉です。なお、現在の借入金の月返済額は300万円とします。前期のキャッシュフローは赤字で返済財源がないため、〈月返済額を0〉としてくれるよう交渉したところ、銀行員はこう言ってきました。

「経営改善計画書では今期キャッシュフロー1000万円、出せる計画となっています。1000万円を12カ月で割って月80万円程度は返済できるのではないですか?」

しかし、今期のキャッシュフローが1000万円のプラスとなる計画でも、前期のキャッシュフローはマイナスです。あくまで経営改善計画どおりに経営改善できたらキャッシュフローが1000万円になるというだけです。

計画ではキャッシュフローが出るからといって、今から返済額を大きくしては、計画どおりに経営改善できなければ預金は減っていく一方で、やがて資金不足に陥ります。

経営改善を行って、計画書に書いた損益を達成できるよう企業が努力するのは当然のことです。しかし、**計画を達成できる前提で返済額を決めるのは危険**です。あくまで前期のキャッシュフローから返済額を決めるべきです。また、余裕を持った資金繰りとし、現金を残していけるよう、**月返済額は0から交渉すべき**でしょう。

銀行には「経営改善計画が達成できるよう努力していきます。しかし、計画が達成できることを前提とした返済額とするのは、もし経営改善がうまくいかなかったときのことを考えると厳しいです。前期は赤字であり、返済を0としてお願いできないでしょうか?」と言って交渉します。

銀行はリスケジュールに応じるとしても「できるだけ多く返済してもらおう」と、このような理由をつけて返済額を示してきます。しかし、**資金繰りを回していくのはあくまで企業**です。企業側から、無理なく支払える返済額を計算して提示し、交渉すべきです。

《ポイント》**リスケジュール後の返済額は、経営改善計画で計画されるキャッシュフローではなく、前期の損益計算書から計算されるキャッシュフローから考える。**

090

「リスケジュールの期限は半年後とします」

融資をリスケジュールする場合、〈ずっと返済を減額・猶予してほしい〉と思う社長は多いでしょう。しかし、**リスケジュールの期限は半年後や1年後**と決められます。

リスケジュールの期限とは、**いつまで返済を減額・猶予するか**ということです。なぜリスケジュールの期限が設定されるのでしょうか。

リスケジュールを行うと、銀行と企業との間で**借入金変更契約書**を交わします。そこには、返済金額はいくらに減額もしくは猶予するのか、その期限はいつまでか、記載されます。

もしリスケジュールの期限が設定されなかったり、設定されても5年後や10年後と長く設定されたりした場合、どうなるでしょうか。

企業が経営改善して利益を出せるようになり、返済を再開もしくは一部再開できる状態となったとしても、銀行から企業に「返済額を増額してもらいたい」と言えません。なぜなら契約書で〈リスケジュールの期限はなし〉もしくは〈5年後〉や〈10年後〉と書かれたからです。それくらい契約書は強い拘束力をもつということでもあります。

銀行は企業に早く経営改善してもらい、早く返済をもとにもどしてほしいと考えています。そこで銀行はリスケジュールの期限を〈半年後〉や〈1年後〉などと**短く区切る**のです。

銀行では多くの場合、リスケジュールの期限を6カ月や1年後に設定します。そこで社長は「6カ月後や1年後、返済をもとどおりにしなければならないのか」と心配します。しかし、そうではありません。

リスケジュールの期限は〈次のリスケジュール交渉への区切り〉と考えてください。

リスケジュールの期限の1～2カ月前から、今後について銀行と交渉を始めます。返済を再開できるのか、それともリスケジュールを更新してほしいのか、また、返済額は増やすことができるのか。経営改善計画の達成状況や資金繰りの状況などを見て検討し、銀行と交渉します。

リスケジュールは**企業側が銀行に依頼するもの**であり、リスケジュールの更新時でも同様に**企業側から銀行に交渉**してください。

《ポイント》**リスケジュールの期限は〈半年後〉や〈1年後〉で区切られることが多い。ただし、その期限になったら必ず返済を再開しなければならないというわけではなく、返済を再開できないのであれば〈リスケジュールの期限の更新〉を銀行へ交渉する。**

091

「コンサルタントを入れさせてください」

銀行にリスケジュールを交渉すると、「コンサルタントを入れさせてください」と言ってくることがあります。リスケジュールを行うにあたっては経営改善計画書を作成しますが、「コンサルタントを企業に入れて、その支援により作成してほしい」と銀行は言いたいのです。

今まで経営してきたなかで経営計画書を作ったことのないという社長はたくさんいます。

そういう社長に経営改善計画書を提出するよう銀行員が言っても、なかなか作成されず提出されないものです。そういうとき、銀行はコンサルタントを企業に送り込もうとします。

銀行では、本部の「事業支援部」「経営支援部」「融資管理部」といった名称の部署で外部のコンサルタントと提携していることがあります。

銀行は提携コンサルタントに依頼し、リスケジュールを行おうとしている企業にコンサルタントを送り込みます。コンサルタント費用はリスケジュールを行う企業が支払います。

銀行から送り込まれるコンサルタントを企業側が活用するメリット／デメリットは次のとおりです。

（メリット）

○ コンサルタントの支援により、経営改善計画書を作成できる

○ コンサルタントを探す手間が省（はぶ）ける

（デメリット）

▲ コンサルタントに支払うコストがかかる

▲ 銀行から送り込まれるコンサルタントであるため、銀行寄りの視点で考える傾向にある

自社で経営改善計画書を作成できるのなら、コンサルタントの力を借りる必要はなく、費用を節約できます。また、コンサルタントの力を借りるのであっても、銀行から送り込まれるコンサルタントを活用するのではなく、自社でコンサルタントを探すこともできます。

「銀行から送り込まれるコンサルタント」は「銀行寄りの視点で考える傾向にある」とはどういうことでしょうか。例えば、企業としては返済を0にしたいのに、3分の2の減額でとどめさせようとするなど、銀行の意向が働きやすいということです。

銀行からコンサルタントを送り込んでもらう場合、まず返済をどうしたいのか企業側で考えて銀行へ伝え、コンサルタントにもその方向で経営改善計画書の作成を支援してもらうよう伝えるとよいでしょう。もしくは、企業側の視点に立って銀行と交渉する支援を行ってくれるコンサルタントを自社で探すのもよいでしょう。

なお、リスケジュールを交渉するのはあくまで企業であり、コンサルタントは経営改善計画書作成の支援やリスケジュール交渉の支援を行うものです。コンサルタントが企業の代わりに銀行とリスケジュール交渉を行ってくれるわけではありません。

《ポイント》**銀行から送り込まれるコンサルタントは、銀行寄りの視点で考える傾向にある。リスケジュール交渉をどのような体制で行うのが自社にとって最も良いのか、しっかり考える。**

092

「中小企業再生支援協議会を入れてください」

銀行へリスケジュールを交渉すると「中小企業再生支援協議会を入れてください」と言われることがあります。中小企業再生支援協議会（以下「支援協」）とは、産業競争力強化法[*1]にもとづき、経済産業大臣の認定により設置された機関です。中小企業の再生に向けて、経営改善・事業再生の取り組みを支援することを目的としています。支援協に支援を申し込み、支援協が支援を行うのが妥当であると判断されると、支援協は経営改善計画書の作成を支援したり銀行との調整を行ったりします。

*1 経済産業省のホームページによれば、同法は「産業競争力の強化に関する施策として産業活動における新陳代謝を促進するための措置を講じ…（中略）…その一環として事業再編の円滑化を図る」ものとされている。

銀行へリスケジュールを交渉すると、支援協の活用を勧められることがあります。融資の金額が多額で、銀行の数も多く、また、プロパー融資を多く受けており、支援協に入ってもらったほうが交渉がスムーズにいくと思われる場合などです。

支援協が入ると、財務や事業の精査を行ったうえで、経営改善計画書の作成が行われます。支援協から弁護士、公認会計士や税理士、中小企業診断士などの専門家が派遣されます（専門家への費用は企業が負担）。

経営改善計画書の作成が行われたら銀行や信用保証協会など債権者が一堂（いちどう）に集まり、**バンクミーティング**が行われます。各銀行は自分の銀行が少しでも多く回収できるようにといろいろ理由をつけて主張してくることも多いのですが、支援協のマネージャーが調整役となってくれます。

通常、リスケジュールの交渉は、社長が各銀行へ訪問し交渉すればよいものです。しかし、融資金額が多い、銀行の数がたくさんある、プロパー融資も多く受けているなどの状況では、交渉が大変であったり、なかなかまとまらなかったりします。その場合には支援協に入ってもらい、その主導でリスケジュールの交渉をまとめてもらいます。

なお、銀行から支援協の活用を勧められていない場合、企業独自で支援協を活用したいと思い申し込んでも断られることがよくあります。支援協はリスケジュールを行いたい会社すべてに関わるのではなく、支援協を活用すべき状態となっている一部の会社に関わるものだからです。

支援協を入れるメリット／デメリットは次のとおりです。

（メリット）

○ 銀行ごとに訪問、交渉せずとも、まとめてリスケジュール交渉を行える
○ 支援協が調整役となるので、リスケジュール交渉がまとまりやすい
○ 専門家を派遣してくれる

（デメリット）

▲ 専門家への費用がかかる
▲ バンクミーティングが行われる際、銀行等が一堂に会(かい)すため、社長にかかるプレッシャーは大きい

支援協に入ってもらう場合でも、無理のない返済とできるよう、いくらまでなら返済できるのか（返済0にすることも含め）を企業自身で考え、支援協やメインバンクへ希望を伝え相談してください。

《ポイント》 **融資金額が大きい、取引銀行の数が多い、プロパー融資も多く受けているなどの状況では、銀行が支援協の活用を勧めてくることがある。メリットは大きく、銀行から勧められたら支援協の活用を考えたい。**

093

「金利を上げさせてください」

リスケジュールを行うにあたり、銀行員から「金利を上げさせてください」と言われることがあります。

将来、貸し倒れとなる可能性が高い会社への融資では、銀行は金利を引き上げたいものです。融資が将来、返済できず、貸し倒れとなってしまったら銀行は損失を被(こうむ)ります。その損失を補(おぎな)っているのは、銀行が融資先から得ている利息収入です。

業績や財務内容が良い会社であれば貸し倒れとなる可能性が低いため、金利は低くてよいのですが、逆の場合は貸し倒れのリスクが高い分、銀行は金利を高くしたいと考えます。

リスケジュールを行う会社は将来、貸し倒れとなる可能性が高い会社です。そこで、リスケジュールを行うにあたり、銀行は金利の引き上げを要求してくるのです。

金利の引き上げについて**金銭消費貸借契約書**や**銀行取引約定書**を読むと、次のような条項があります。

「銀行または債務者は、次のいずれかの事由がある場合には、相手方に対して利率を一般に合理的と認められる程度のものに変更することについて協議を求めることができるものとします。

1. 金融情勢の変化その他相当の事由がある場合

2. 債務者の財務状況の変化、担保価値の増減等により、銀行の債権保全状況に変動が生じた場合」

銀行はこのような条項を根拠として、金利の引き上げを要求してきます。

ただし、条項にあるように銀行は金利引き上げの協議を求めることはできても、一方的に金利引き上げを融資先企業に約束させることはできないものです。とはいえ、金利を引き上げなければリスケジュールを行わないとされれば、応じざるをえないでしょう。

ただ、交渉はしたいものです。また、リスケジュールを行うにあたり、すべての銀行が金利を引き上げようとするのではありません。一部の銀行のみです。だからこそ、「金利を引き上げる」と言ってきた銀行に対しては交渉をしたいのです。

交渉例1「経営改善計画書を作成しましたが、損益計画の支払利息については現在の金利を前提としています。金利は現状維持でお願いできませんか?」

交渉例2「他の銀行ではリスケジュールを行っても金利は引き上げないとのことです。現状、赤字のなかで黒字回復のために協力してくれています。貴行も現状維持でお願いできませんか?」

このように言って交渉してください。

また、金利を引き上げざるをえなくても、引き上げ幅(はば)を抑える交渉はするようにしたいものです。例えば、銀行が「金利を現在の1.5%から3.5%へ〈2ポイント〉上げたい」と言ってきた場合、その半分の「〈1ポイント〉にとどめてもらえないか?」などと交渉してみてください。

《ポイント》**リスケジュールを行うにあたり、「金利を引き上げる」と銀行から言われたら、経営改善計画の達成へ協力してほしいと伝え、引き上げないよう交渉する。**

094

「リスケジュールを行うにあたり担保を入れてもらえませんか？」

リスケジュールを銀行に交渉すると「リスケジュールを行うにあたり担保を入れてもらえませんか？」と言われることがあります。銀行は担保をとることによって将来、企業が融資の返済ができず貸し倒れとなった場合、その担保を競売などでお金に換えることで融資の一部もしくは全額を回収できます。

リスケジュールを行って返済を減額・猶予しているうちに経営が改善し、将来、返済を再開できるようになればよいのです。しかし、経営改善が進まず、また事業の継続ができなくなれば、銀行は貸し倒れを出してしまいます。

銀行にとって〈リスケジュールを行う会社〉とは、〈将来、貸し倒れとなる可能性が高い会社〉です。そこで銀行は「リスケジュールを行うにあたり担保を入れてもらえませんか？」と言ってきます。

もし担保となる不動産などを所有している場合に、リスケジュールを行うにあたり銀行員の言うままに銀行に担保を入れるとどうなるでしょうか。

リスケジュールはすべての銀行で公平に行うことが原則です。リスケジュールを行うからと一部の銀行に担保を入れるのでは、その原則に反します。一部の銀行に担保を入れたのが分かったら、他の銀行も「うちでも担保を入れてください」と言ってくることでしょう。しかし、すでに一部の銀行に担保を入れていれば、担保に入れられるものはもうありません。担保を入れてもらえなかった銀行は「不公平だ」と言ってリスケジュールに応じず、リスケジュールの交渉は失敗します。

「担保を入れてもらいたい」と言われたのなら、次のように言って交渉してください。

交渉例「一部の銀行のみに担保を入れたら、他の銀行からも担保を入れるように言われてしまいます。担保を入れることなしに、リスケジュールをお願いできませんか？」

なお、リスケジュールを行う前から一部の銀行にすでに担保を入れていた場合に、リスケジュールを行うにあたり担保を入れていない銀行から、「A銀行は担保が入っていますが、うちの銀行は担保がありません。リスケジュールにあたり、うちの銀行（B銀行）へも担保を入れてください」

と言われるケースもあります。しかし、それでB銀行へ担保を入れても不公平となります。

過去、融資が行われるにあたり、それぞれの銀行の審査で、

などの判断がされてきています。

しかも、そのような判断をしてきたのは〈各銀行の責任〉です。

リスケジュールを行うにあたり「担保がない銀行に担保を入れる」、これも前述の「一部の銀行にのみ担保を入れる」ということと同じように、〈リスケジュールはすべての銀行で公平に行う〉という原則に反します。

《ポイント》**一部の銀行にのみ担保を入れることは禁じ手。それによって、リスケジュール交渉は失敗する。**

095

(リスケジュール更新時に)

「返済額を増やしてください」

前述のとおり、リスケジュールは半年や1年の期限をつけられます。しかし、期限が来たら必ず返済額をもとどおりにしなければならないわけではありません。期限が来てもリスケジュールの更新を銀行に交渉できます。そのときの経営改善状況を見て、次のリスケジュールの返済額をいくらにするか、銀行と話し合って決めるのです。

返済額は、利益の改善状況を考慮して決めます。

経営が改善されることにより、キャッシュフロー(事業活動により得られる利益から生み出される現金)をどれだけ稼げるようになったのか。

すでに何度も紹介していますが、キャッシュフローは決算書のなかの損益計算書を見て簡易的に、計算式〈当期純利益+減価償却費〉で計算できます。例えば、新しい決算書を見ると損益計算書でキャッシュフローが年間600万円、月あたり50万円まで改善されていれば、その8割、40万円を目安に返済額を考えます。

ここで、経営改善によりキャッシュフローを多く稼げるようになったからと、一気に返済額を増やさないほうがよいでしょう。改善されたキャッシュフローを今後も保つことができるかは分かりません。再び業績が悪化してキャッシュフローが減少した場合、銀行はいったん増やした返済額を再度、減額させてくれることはなかなかありません。そこを考えると、キャッシュフローが改善したからといって、リスケジュールを更新するときに一気に返済額を増やさないほうがよいのです。

返済額が少ないままであると、一方でキャッシュフローが多ければ現金がたまっていきます。現金を多く持つほど資金繰りをうまく回せるようになり、資金不足に陥りにくくなって、会社の安全性は高まるものです。

銀行としては、リスケジュールは長引かせたくありません。融資をリスケジュールしている状態とは、**融資実行時に企業が約束したとおりに返済できない異常な状態**です。〈早く正常な状態になってほしい〉、つまり〈早く返済を再開してほしい〉と思っているものなのです。

しかし、返済を早く再開して企業が資金不足に陥り倒産してしまったら、それはそれで問題です。そこで銀行は、リスケジュールの更新は受け入れるものの、更新ごとに返済額を増やしていってほしいと考えます。このような背景から、リスケジュールの更新を銀行へ交渉すると「返済額を増やしてください」と言われることが多いのです。

しかし、銀行に言われるままに返済額を一気に増やすのではなく、少しずつ増やし、一方で現金をためていってください。また、経営改善が進んでいないのであれば、返済額を増やさず前回と同額の返済額を続けるよう、銀行と交渉してください。

《ポイント》**銀行はリスケジュール更新時、返済額を増やすよう言ってくる。無理に返済額を増やすと企業の資金繰りに支障が出るため、しっかり交渉する。**

096

「返済期限がせまっていますから、返済額を増やしてください」

リスケジュールを更新するとき、返済額を多くしてもらおうと「返済期限がせまっていますから、返済額を増やしてください」と言ってくる銀行員がいます。

例えば、3000万円の融資が2017年10月に実行され、返済期間５年、返済期限2022年10月、月返済額は50万円とされた場合。

返済がすすんで、2020年10月に残高1200万円になったところで、リスケジュールを行い、それから６カ月ごとにリスケジュールを更新し、返済額はずっと０、現在2022年４月で、またリスケジュールを更新するものとします。

融資残高は1200万円のままであるものの、現在2022年４月であり、融資実行時に決められた返済期限2022年10月まであと６カ月です。

このような状況で、「返済期限までに全額を返済してほしい」と、1200万円÷6カ月＝月200万円の返済を要求してきたり、「月50万円で５カ月返済して、返済期限の2022年10月に残り950万円を一括返済してほしい」と言ってきたりする銀行員がいます。

よほど経営改善してキャッシュフローを多く稼げるようになっていなければ、これだけ返済額を多くするのは無理です。しかし「リスケジュールを行い今まで返済額を減額（もしくは猶予）してきましたが、返済期限までには完済してもらわないといけません」と言ってくる銀行員からのプレッシャーにやられて、親戚や知人から借りてまで銀行員の言うとおりに返してしまう社長がいます。

リスケジュールを行っても、融資実行時に決められた返済期限までに全額を返済しなければならないものではありません。**返済期限を超えてもリス**

ケジュールを続けることはできます。

融資実行時に決められた返済期限がせまってきても関係なく、他の銀行と公平にしなければなりません。他の銀行で〈返済額0〉でリスケジュールを更新するのなら別の銀行でも〈返済額0〉で、返済額を上げるのなら**融資残高のシェアに応じて**返済額を割り振ってください。

銀行は、リスケジュールを長引かせたくないものです。他の銀行から抜け駆けしてでも、自分の銀行の返済額を増やそうと考える銀行員がいます。銀行員の言うことを鵜呑(うの)みにするのではなく、〈すべての銀行でリスケジュールは公平に行う〉という原則にもとづいて交渉してください。

《ポイント》 **リスケジュールを更新することにより融資実行時に決めた返済期限が過ぎても問題ない。返済期限を意識しないようにする。**

097

「借り換えて返済を正常化しましょう」

リスケジュールを行ったあとは、返済再開を目指して経営改善に取り組みます。銀行としては永遠にリスケジュールを続けるわけにはいかず、「早く返済を正常化してほしい」と考えています。企業としては、返済できるほどのキャッシュフローを稼げるようになれば返済再開を考えます。リスケジュール前の元の返済額に戻すことができれば正常化です。

ただし、元の返済額が大きい場合、キャッシュフローを多く稼げるようになっても元の返済額に戻せるほどまでは難しいケースはよくあります。その場合、長い返済期間の融資で借り換えて返済を正常化する方法があります。経営改善が進みキャッシュフローを多く稼げるようになってきた会社に対し、銀行は「借り換えて返済を正常化しましょう」と勧めてきます。

例えば、リスケジュール前の融資残高1億2000万円、月返済額350万円で、リスケジュールを行って返済を減額・猶予しているうちに経営改善に取り組み、事業で月130万円のキャッシュフローを稼げるまでになった場合。

月130万円のキャッシュフローでは、元の返済額である月350万円までは返済できない。そこで、1億2000万円の融資を借り換え、10年返済の融資とする。10年返済であれば、年返済額は1200万円（＝1億2000万円÷10）、月返済額は100万円（＝1200万円÷12）となります。事業で月130万円のキャッシュフローを稼ぐなかで「月350万円返済は無理でも、月100万円返済ならできそう」となる。

○借り換えによる正常化の流れ

借り換えにより返済を正常化するにも、銀行による審査が必要です。特に、借り換えしたあとに返済が問題なくできるかどうかを銀行は見てきます。将来、新たな融資を受けることを前提にせず、正常化したあとの返済が現在のキャッシュフローでできるかどうかを見られます。

借り換えの方法で返済を正常化する場合、複数の銀行で融資を受けていれば、それぞれの銀行で借り換えを行うのがお勧めです。メインバンクや新規の銀行などが「全部、うちで借り換えますよ」と言ってくる場合もありますが、それぞれの銀行で借り換えられるなら、今後も複数の銀行から融資を受ける体制を維持するほうがリスク分散の観点からもよいでしょう。

借り換えによる融資の返済期間の目安は、プロパー融資で10年、信用保証協会保証付融資で15年。ただし、銀行は、長い返済期間の融資は将来の貸し倒れリスクが高く敬遠しがちで、もっと短い返済期間を示してくることも。

そこで、銀行の言うままに短い返済期間とすると毎月の返済額は大きくなり、資金繰りが苦しくなる。自社の現状のキャッシュフローがどれだけあるかを考慮しながら、長い返済期間とできるよう銀行と交渉したい。

なお、金額を上乗せして借り換えることも銀行の審査しだいでは可能。例えば、1億2000万円のリスケジュールしている融資を10年返済で借り換えて正常化する場合、1000万円を上乗せして1億3000万円で借り換えれば、1000万円の現金が手元に残り、余裕をもった資金繰りができる。

返済の正常化を考えたらまずはメインバンクに相談し、方針を決定します。そしてメインバンク以外の銀行と交渉します。他の銀行はメインバンクの方針にあわせることが多いものです。

返済を正常化したあとはリスケジュール前のように銀行から新たな融資を受けることが可能となります。ただ、正常化してから返済が問題なく行われているかを銀行は見たいことから、正常化直後に新たな融資を受けることは難しいです。新たな融資を受けるには返済を正常化してから6カ月程度、返済を行う必要があることが多いです。

《ポイント》 **リスケジュールは永遠に続けるものではない。経営改善が進んでキャッシュフローを多く稼げるようになったら〈返済の正常化〉を考える。**

098

「うちの銀行の融資を他の銀行へ移してもらえませんか?」

リスケジュールを行っている銀行が「うちの銀行の融資を他へ移してもらえませんか?」と言ってくることがあります。

リスケジュールを行っている会社への融資に対し、銀行は貸倒引当金を多く積んでいます。リスケジュール中の融資は、将来、回収できずに貸し倒れとなる可能性が高いからです。

その融資を回収できれば貸倒引当金を減らせるため、その分、銀行は利益が出ます。

そもそも、リスケジュール中の融資を回収できれば、銀行は将来の損失のリスクを減らせます。

そこで、リスケジュールを行っている銀行が「うちの銀行の融資を他の銀行へ移してもらえませんか?」と言ってくることがあるわけです。リスケジュール中の融資を他の銀行が借り換えしてくれることを期待して、です。

しかし、リスケジュール中の融資を借り換えしてくれる銀行はなかなか現れません。借り換えした銀行は将来、回収できない可能性が高い債権を抱えてしまう以上、当然です。

リスケジュールを行っている銀行でもそれは分かりそうなものですが、あわよくば社長が、借り換えしてくれる銀行を探し出してくれるかもしれないと「うちの銀行の融資を他の銀行へ移してもらえませんか?」と言ってくるのでしょう。実際にこのように言われて、融資を肩代わりしてもらえないかといろいろな銀行に声を掛けている社長もいます。しかし、どこの銀行からも相手にされません。

「うちの銀行の融資を他の銀行へ移してもらえませんか?」と言われても、
「分かりました。探してみます」

と言って、その場をとりつくろっておけばよいのです。

○経営改善してキャッシュフローを多く稼げるようになった場合

一方、経営改善してキャッシュフローを多く稼げるようになった場合、借り換えに応じたいという銀行が表れることがあります。

借り換えして返済を正常化することが前提です。

今まで融資を受けたことのない新規の銀行が提案してくることもあれば、リスケジュールを行っている銀行のうち一つが、他の銀行の融資も含めて借り換えに応じたいと提案してくることもあります。

この場合、経営改善を進めたことによりキャッシュフローを多く稼げるようになった結果、返済が正常化するということですから、積極的に前に進みたいものです。

《ポイント》**リスケジュール中の融資を他の銀行へ移してほしいと言われても、そのような融資を借り換えしてくれる銀行はない。ただし、返済を正常化できるほどキャッシュフローを多く稼げるようになれば別。**

099

「信用保証協会に代位弁済してもらいます」

信用保証協会の保証付融資では、銀行が行う融資に信用保証協会が保証をつけます。保証付融資が返済できなくなると、信用保証協会は企業の代わりに銀行へ一括返済します。これを**代位弁済**と言います。その後は信用保証協会が債権者となり、企業や連帯保証人は信用保証協会へ返済していくこととなります。

融資では通常、延滞状態が3カ月以上続くと、**期限の利益の喪失通知**が郵送されてきます。「期限の利益」とは決められた返済スケジュールどおりに返済すればよいという企業側の利益であり、それが喪失となれば企業は銀行に一括返済しなければなりません。しかし、延滞している企業が一括返済を行うことは困難です。一括返済できないと、保証付融資の場合、銀行は信用保証協会に連絡し、代位弁済が行われます。

○延滞状態とリスケジュールの違い

延滞状態とは融資の返済が遅れているということですが、リスケジュールとの違いはどこにあるでしょうか。

延滞とは銀行の同意なしに返済が遅れていること、リスケジュールは銀行の同意のうえで返済を減額・猶予することです。延滞となれば、もしくは延滞になりそうであれば、早急に銀行へ交渉し、リスケジュールしてもらうことで期限の利益の喪失を防ぐことができ、その結果、代位弁済も防ぐことができます。銀行から「信用保証協会に代位弁済してもらいます」と言われても諦(あきら)めずに、リスケジュールの交渉を行って代位弁済にならないようにしたいところです。

代位弁済のデメリットは、代位弁済となったらその融資を全額、信用保証協会に返済できなければ、原則、新たに信用保証協会で保証を受けられないことです。なお代位弁済された会社だけでなく、関係ある別の会社でも保証を受けることが困難となります。

例えば代表者が同じ会社、住所が同じ会社、代位弁済された会社の代表者が取締役となっている別の会社などです。代表者の親や子、兄弟が代表になっている別会社でも保証が受けられなくなるケースもあります。

信用保証協会の保証を受けられないことは、中小企業が融資を受けるうえでは大きな足かせとなります。代位弁済される前に、銀行へ早急にリスケジュールを交渉すべきでしょう。代位弁済ではなくリスケジュールにとどめられれば、その後、経営改善し返済が正常化すれば、信用保証協会からまた保証を受けられるようになります。

なお、代位弁済されたら、信用保証協会はその会社や連帯保証人と、毎月いくらであったら信用保証協会に支払っていけるかを話し合います。そして、会社や連帯保証人は信用保証協会に返済していきます。この場合は元金と利息を含めた金額で毎月支払う金額を決めます。

《ポイント》**保証付融資で延滞状態を続ければ代位弁済となる。その後は代位弁済された融資を全額返済できなければ、信用保証協会で新たな保証を受けられず、融資を受けるにあたり大きな足かせとなる。**

100

「融資はサービサーへ移行します」

プロパー融資の場合、延滞していてもリスケジュールを行っていても、返済できない状態が続くと「融資はサービサーへ移行します」と言われることがあります。

サービサーとは債権回収会社のことで、銀行から融資を買い取って債権者となり回収を行う会社です。

融資が返済されなくなり、その後の回収の可能性も低いと見たら、銀行の判断により、信用保証協会保証付融資は信用保証協会に代位弁済してもらい、プロパー融資はサービサーに買い取ってもらうことがあります。

銀行がサービサーに買い取ってもらう融資は、債務者からの回収可能性が低い融資であるため、その融資残高に比べ、サービサーが銀行から買い取る価格はとても安くなります。

例えば、1億円の融資残高があれば、サービサーはその融資の回収可能性を見て100万円や300万円などで価格を提示し銀行から買い取ります。企業が事業を継続していればどれだけキャッシュフローがあるか、企業が所有する資産で換金できるものがどれだけあるか、などを見てサービサーは銀行へ価格を提示します。不動産などの担保がついている融資であれば、担保を換金することで多く回収できるため価格は高くなります。

サービサーは銀行から買い取った価格以上の金額を回収できなければ損失を出してしまいます。サービサーは融資を買い取ったあと、融資先企業から回収を図るために企業へ交渉してきます。サービサーは銀行からの買取価格を企業に伝えず、あくまで融資を全額回収する前提で交渉してきます。

例えば、1億円の融資を300万円で銀行から買い取ったとしても、あくまでその融資残高は1億円であり、それを全額回収する前提で交渉してきます。

サービサーは企業へどう交渉してくるか一例を挙げます。1億円のプロパー融資を銀行から300万円で買い取ったあと、毎月20万円ずつ返済するよう企業に交渉し、そうすることとなりました。そして1年後、累計240万円支払った時点でサービサーは、

「500万円を一括で支払ってくれたら後の支払いはなしでよいですよ」

と言ってきました。それで企業が応じれば、サービサーは、

20万円×12ヵ月＋500万円＝740万円

を回収できたことになります。300万円で買い取った融資で740万円を回収できたらサービサーは440万円の利益となります。一方、企業から見れば、1億円の融資だったものを740万円の返済で終えることができます。

銀行が、回収の可能性が低いプロパー融資をサービサーへ売却するのは、売却により銀行は**貸倒損失を確定**でき、**損金を計上**できるからです。またサービサーが融資を買い取ることで銀行は、わずかですが回収もできることになります。

企業としては融資残高が大きかったものを少しの返済で済ませることができます。そう考えると融資をサービサーに売却されるのは企業にとってメリットしかないように見えます。しかし次の点には注意が必要です。

1. 返済しなくてよくなった金額は、企業で債務免除益が計上される。過去の繰越欠損金と全額相殺(そうさい)できれば納税は発生しないが、そうでなければ多額の課税所得が発生し、納税が発生する（詳しくは顧問税理士などに相談してください）

2. サービサーへ売却した銀行では今後、新たに融資を受けることは困難となる。

3. 銀行がプロパー融資をサービサーに売却するにあたり、その銀行で保証付融資も受けているのであれば、銀行はあわせて信用保証協会に代位弁済してもらうことがよくある。代位弁済されると、その融資を全額、信用保証協会に返済しないかぎり原則、信用保証協会から新たな保証を受けられないようになる。

銀行がプロパー融資をサービサーに売却するのは、今後の回収可能性が低いと見たときです。リスケジュールを行っていても経営改善が進まず、返済額もなかなか増えていかないと、今後も回収の可能性は低いと考え銀行はプロパー融資をサービサーへ売却することを考えます。

企業としてはプロパー融資をサービサーに売却されてもよいものかどうか、状況によります。しかしサービサーへの売却を決めるのは銀行であり、企業ではありません。サービサーに売却されたくなければ経営改善を進め、リスケジュールは続けながらも返済額を増やしていきたいものです。

《ポイント》**今後、回収の可能性が低いと見たプロパー融資を銀行はサービサーへ売却することがある。サービサーへ売却されてもよいかどうかは状況による。**

column 銀行員の日常のひとこま⑦

関係会社、取引先……銀行員の出向事情

「銀行員は出向が多い」とはよく聞くことですが、実際そのとおりです。よくあるのは、銀行員がそれ以上、出世が見込めないときに出向するケースです。例えば、40～50代で本部役員への昇進がきびしい支店長が後進の若い行員のために支店長ポストを空けるときに出向します。もちろん、支店長になれなかった人も出向します。出向先は銀行の関係会社や取引先の会社です。

銀行には多くの関係会社があります。クレジットカード会社やリース会社、保険会社、コンサルティング会社など。これらは銀行が収益の機会を多くしようと作られた会社ですが、出向する行員の受け入れ先という目的もあります。

取引先の会社へ出向することもあります。融資を受けている銀行から「行員を出向させてほしい」と言ってくることがあります。その理由は、融資先企業の立て直しや監視ということもあれば、ただ出向先を確保したいだけのこともあります。経理・財務部長や担当者として行くことが多いですが、銀行員だからといって必ずしも経理・財務の実務ができるわけではありません。銀行から行員の出向を打診されても、必要ないと思えば断ればよいでしょう。

若いときから銀行の関係会社へ出向する行員もいます。この場合、その銀行員が持つ能力や技能を見込まれて出向となるケースもあれば、銀行員としての仕事ができない行員と早々に烙印(らくいん)を押されてしまうケースもあります。

おわりに

銀行員が、銀行だけが得をするようにことばで社長を誘導しようとする背景には、営業目標があります。銀行では膨大な営業目標があり、達成が大変なのです。営業係はその上司である営業係長から、営業係長は支店長から、支店長は役員や本部から、日々、営業目標のプレッシャーをかけられています。

現在は金利の低下により、銀行の一番の収益源である利息収入が減っているのですから、それぞれの銀行は生き残っていこうと大変な営業努力をしています。それが膨大な営業目標につながっています。

このような背景から、銀行員は営業目標を達成するために、銀行が得、企業が損をすることを、真のねらいを隠し社長へことばで誘導しようとするのです。銀行員自身も銀行のなかで生き残っていかないといけません。そこは社長も分かってあげてほしいところです。

一方で、企業のほうも日々努力して売上・利益を上げ、融資を受けることで資金繰りを回し、会社を存続させなければなりません。銀行員の言うことをすべて聞いていたらカモにされるだけです。銀行員が言ってくることの多くは、銀行にとって得、企業にとって損になることです。〈銀行員が言うことだから〉と何でも信用してしまう社長がいますが、それではダメです。

企業を守るのは社長です。**銀行員の発することばの真のねらいを知り、適切な判断をし、適切な行動をとれるように**してください。

そもそも、銀行が企業に融資をしてくれることで企業は存続、成長できます。銀行の悪口を言う社長は多いのですが、銀行への感謝の気持ちもたまには持ちたいものです。

一方で銀行員も、企業が融資を受けてくれる、営業協力もしてくれるからこそ銀行は収益を得られるのであり、顧客企業への感謝の気持ちを持ちたいもの。

お互いに感謝の気持ちを持てれば、銀行と企業、より良い取引ができるのではないでしょうか。

社長のみなさんは、この本は読んだあとも手元に置き、銀行員とことばを交わしたあとに「銀行員はこのことばを、どういうねらいで言ったんだろう?」と振り返ってみるとよいでしょう。それを繰り返すことにより、銀行員がことばを発するとき〈どういうねらいで言っているのか〉深く分かるようになっていきます。

そして、銀行員と対等に話をできるようになっていきます。銀行だけが得をするようにうまく誘導されることもなくなっていくことでしょう。

「はじめに」にも書いたように銀行員を怖がる社長は多いですが、そういう思いもなくなっていきます。

あなたの会社が銀行から融資を受けるかぎり、この本がずっとお役に立てることを願っています。

さくいん

さ行

た行

な行

は行

ま行

や行

ら行

著者略歴

川北 英貴（かわきた・ひでき）

株式会社グラティチュード・トゥーユー 代表取締役

昭和49年 愛知県東海市生まれ

早稲田大学法学部卒業後、平成9年 大垣共立銀行入行、3つの支店にて主に中小企業向け融資業務を手がける。銀行を退職後、平成16年、株式会社フィナンシャル・インスティチュートを設立。事業再生コンサルティング、資金繰りコンサルティングの専門会社として11年間、代表取締役を務め、創業6年目には年商7億円を超えた。

会社の成長により経営者としての仕事が忙しくなるなか、これからはコンサルタントの道を究めていこうと思い、平成27年、幹部社員の1人に後を継いでもらい、1人コンサルタント会社として平成28年2月、株式会社グラティチュード・トゥーユーを設立。全国の中小企業の資金繰り改善に飛びまわる一方、電話やメールで日々、資金繰りに悩む経営者の相談を受けている。

著書に、
『銀行からの融資　完全マニュアル』
『中小企業経営者のための 絶対にカネに困らない 資金繰り完全バイブル』
（以上、小社刊）、
『絶対にカネ詰まりを起こさない！ 資金繰りの教科書』（PHP研究所）、
『絶対に会社をつぶさない！ 社長のための借金の返し方・追加融資の受け方』
（日本実業出版社）など多数。

川北英貴の連絡先（資金繰り・資金調達の相談はこちらへ連絡ください）
メールアドレス：kawakita@gratitude.co.jp
（こちらからの連絡は電話で行いますので必ず電話番号を書いてください）
ホームページ「資金繰りプラス」https://sikinguri.info/
（「資金繰りプラス」検索してください）

社長、この1冊で融資交渉が強くなります！

銀行員（ぎんこういん）のそのひとことには理由（わけ）がある

2022年 2月17日　第1刷発行

著　者　川北（かわきた） 英貴（ひでき）
発行者　徳留 慶太郎
発行所　株式会社すばる舎

〒170-0013　東京都豊島区東池袋3-9-7 東池袋織本ビル
TEL 03-3981-8651（代表）
03-3981-0767（営業部直通）
FAX 03-3981-8638
https://www.subarusya.jp/

印　刷　ベクトル印刷株式会社

落丁・乱丁本はお取り替えいたします。

ISBN978-4-7991-1021-8